「学問の自由」シリーズ

# キリスト教学校の「犯罪」

## 明治学院大学〈教科書検閲〉事件



寄川条路 編

社会評論社

目次

## 第一章 教科書が不適切なので解雇する——大学側の主張 17



## 第二章 教科書検閲は自由の侵害である——教授側の主張 39

## 第三章　教科書も授業も不適切ではない——裁判所の判断　66

# まえがき

「教授の教科書は大学の名誉を毀損しているので調査していた」（明治学院大学）。

明治学院大学は、授業を盗聴したり教科書を検閲したりして、大学の方針に反対する教員を調査し解雇していた。大学の盗聴行為を告発した教員が解雇されたため、事件はその後裁判となり、労働審判、東京地裁、東京高裁で争われた。

「明治学院大学事件」についてはすでに、ジャーナリストの浅野健一（元同志社大学教授）が「授業を無断録音し教授を解雇した明治学院大学の犯罪」と端的に表現し、憲法学者の小林節（慶應義塾大学名誉教授）は「大学当局が、教授の教科書を「検閲」したのも論外であるが、さらに、教室に不法侵入して講義を録音するという違法行為まで犯して、それが「大学の方針に反する」など評価して、その地位を奪うことは論外である」と断罪している。

編者は、「日本の大学界の病弊を象徴する大事件」と呼ばれた明治学院大学事件をきっかけにして、大学における学問・教育・表現の自由について考えるようになった。これまでにも、大学関係者と協力してさまざまな主張や意見をまとめたブックレットを刊行してきた。本書は、日本の大学が直面する問題を取り上げる論集「学問の自由」シリーズの第八弾である。最初に既刊の七冊を紹介しておく。

①『大学における〈学問・教育・表現の自由〉を問う』（法律文化社、二〇一八年）
②『大学の危機と学問の自由』（法律文化社、二〇一九年）
③『大学の自治と学問の自由』（晃洋書房、二〇二〇年）
④『表現の自由と学問の自由——日本学術会議問題の背景』（社会評論社、二〇二一年）
⑤『実録・明治学院大学〈授業盗聴〉事件——盗聴される授業、検閲される教科書』（社会評論社、二〇二一年）
⑥『学問の自由と自由の危機——日本学術会議問題と大学問題』（社会評論社、二〇二二年）
⑦『ヘルダリーンとヘーゲル——学問の自由と自由の思想』（社会評論社、二〇二三年）

第八弾にあたる本書『キリスト教学校の「犯罪」——明治学院大学〈教科書検閲〉事件』は、授業で使用していた教科書がキリスト教に反するという理由で教員を解雇していた明治学院大学事件の記録である。授業盗聴については、本シリーズの⑤『実録・明治学院大学〈授業盗聴〉事件——盗聴される授業、検閲される教科書』（社会評論社、二〇二一年）で詳しく説明したので、本書ではおもに教科書検閲について見ていく。

明治学院大学はキリスト教主義を掲げるプロテスタント系の私立学校である。教員に対しキリスト教組織への隷属を求める明治学院大学は、学校の方針に従わない教員を容赦なく排除してきた。これは私立学校が建学の精神を守っているといえるのだろうか。それとも、特定の宗教を強要することで個人のもつ信教の自由を侵害しているのだろうか。学問の自由、教育の自由、表現の自由の観点から、キリスト教学校の宗教問題を取り上げていきたい。

序章「「明治学院大学事件」の概要」は、事件を時系列でまとめたものである。まずは、大学による授業盗聴から教員解雇に至るまでの経緯であり、つぎに、労働審判委員会での調停から東京地方裁判所での判決を経て東京高等裁判所での和解に至るまでの経過であり、そして、裁判所の判断を踏まえての教授側の主張と大学側の主張の争点整理である。

第一章「教科書が不適切なので解雇する」は、裁判での大学側の主張の要点である。大学によると、教授はキリスト教を誹謗中傷する本を教科書として使用していたから、大学の名誉と信用を傷つけたのであり、不適切な本を教科書に指定して授業を行っていたから、大学教員としての適格性を欠いているのだという。

第二章「教科書検閲は自由の侵害である」は、裁判での教授側の主張の要点である。教授の本はキリスト教への誹謗中傷ではなく批判・風刺であり、大学の教科書として適切なものであるにもかかわらず、大学が教科書を検閲して教員を解雇したのは違法行為であり、学問・教育・表現の自由を侵害するものであるという。

第三章「教科書も授業も不適切ではない」は、裁判所の判断の要点である。大学は教授がキリスト教を誹謗中傷する教科書を使用したから、就業規則にある普通解雇事由が認められると主張するが、教授の本はキリスト教への誹謗中傷ではなく批判・風刺と解釈できるから、普通解雇事由に該当するとはいえない、というものである。

終章「「明治学院大学事件」の裁判記録」は、事件にかかわる主要な裁判記録を収めたものである。まずは、労働審判委員会の調停と結果、つぎに、東京地方裁判所の判決主文と解説、そして、東京高等裁判所の和解調書と解説である。

以上のように本書は、明治学院大学事件の概要を説明し、教科書の使用について大学側の主張と教授側の主張をそれぞれ紹介したうえで、裁判所の判断に基づいて事件の要点を整理したものである。本書によって、授業を盗聴したり教科書を検閲したりして、教員を調査し排除していたキリスト教学校の「犯罪」が告発される。

# 序　章　「明治学院大学事件」の概要

## 第一節　授業盗聴から教員解雇までの経緯

二〇一六年一〇月、大学の盗聴行為を告発したために解雇された教授が、地位確認を求めて東京地方裁判所に労働審判の申し立てをした。申し立てによると、明治学院大学は、授業を無断で録音されたことに抗議し告発した教授を懲戒解雇していた。

大学の組織的な盗聴行為を告発して解雇されたのは、教養科目の倫理学を担当する教授で、大学当局が教授の授業を盗聴して秘密録音し、録音資料を本人に無断で使用していた。

授業を盗聴していた副学長によると、明治学院大学では授業盗聴が「慣例」として行われており、今回の秘密録音も大学組織を守るために行ったとのことだった。教養科目を担当する別の教員もまた、授業を盗聴されたうえで解雇されていた。

大学当局は、授業を盗聴するばかりか、教科書を検閲したり、学生の答案用紙を抜き取って調査したり、プリント教材を事前に検閲して配付を禁止したりもしていた。授業もテストも公開されているからというのが、大学側の言い分だった。

教授が大学当局による盗聴行為を公表すると、学生たちが教授を支援したり、大学を非難したりするに至り、事態は炎上した。アンケート調査によると、多くの学生が大学の盗聴行為を「犯罪」だと非難していた。教授が調査結果を公表しようとすると、ついには理事会が出てきて、盗聴行為を告発した教授を懲戒解雇した。

懲戒解雇は裁判では認められないという顧問弁護士の助言もあり、大学は普通解雇を抱き合わせにして教授を解雇することにした。教授はいつのまにか明治学院大学のキリスト教主義を批判する不適切な教員ということになっていた。

理事会は、まずは解雇しておけばよいだろうと考えて、解雇が無効になったとしても、和解金を支払えば済むことだと豪語していた。明治学院大学には「前科」があって、二〇一〇年にも不当解雇裁判で敗訴して、解雇した職員に三、五〇〇万円を支払っていた。

## 第二節　労働審判委員会の調停

二〇一六年一〇月、解雇された教授が東京地裁に地位確認の労働審判を申し立てたので、労働問題を解決するための協議が開かれることになった。労働審判委員会は、大学側と教授側の双方の主張を聞いて、すぐさま解雇を無効と判断して教授の復職を提案した。

だが、大学側が事前に通告していたとおり労働審判委員会の調停案を拒否したので、和解は不成立となり労働審判は終了した。和解が成立せずに終了した場合、労働審判は本来の訴訟となって同じ裁判所に提訴される。二〇一六年一二月、本件は東京地裁に地位確認訴訟としてあらためて提訴された。

## 第三節　東京地方裁判所の判決

東京地裁の法廷に移ると、原告教授側と被告大学側から数回にわたって主張と証拠を記した書面が提出され、双方の主張が戦わされた。内容は労働審判のときとまったく同じものであったが、双方の主張が尽きると、事件にかかわった者たちへの尋問が行われた。証人尋問ののち、裁判所の提案で和解協議に入った。

二〇一八年四月、東京地裁は、解雇の撤回と無断録音の謝罪を和解案として提示した。提示された和解案は、解雇は無効なので大学は教授の解雇を撤回すること、無断で録音するのはよくないので大学は教授に謝罪すること、大学は教授に一年間のサバティカル（研究休暇）を与えることなどであった。

しかし、双方の希望が折り合わず和解協議は不調に終わり、判決となった。二〇一八年六月、東京地裁は、大学による教授の解雇については無効で違法であるが、大学による授業の録音については初回授業のガイダンス部分なので違法ではない、との判決を下した。

## 第四節　東京高等裁判所の和解案

二〇一八年七月、大学も教授も地裁の判決を不服として控訴したので、本件は高裁で審理されることになった。同年一二月、高裁は解雇無効の判断を示し、和解案の協議に入った。高裁が出した和解案は、大学が教授に退職までの賃金を支払い、双方が袂を分かつことであった。解雇事件によくある金銭による退職和解である。

二〇一九年三月、高裁は大学側の謝罪と和解金の増額という再度の提案をしたが、教授側が拒否したので和解は不成立となった。和解協議が決裂したところで、裁判官が交代して審理は振り出しに戻った。裁判官の話では、大学は敗訴を覚悟しているので教授側から和解案を出してほしい、和解を拒否すると不利な判決が出される可能性もある、とのことだった。

裁判官のみならず双方の弁護士も和解を勧めてきて、高裁で判決を取ったとしても最高裁への上告が受理される可能性は少ないことから、高裁で和解がなされることになった。残念な結末だが、最後は引き分けで終わってしまった。

二〇一九年一一月、本件は東京高裁で和解が成立して終結となった。和解内容は、大学は授業の無断録音を謝罪して五、〇〇〇万円を支払い、教授は和解金を受け取って円満に退職するというものだった。

## 第五節　大学側と教授側の主張を踏まえた裁判所の判断

最後に、争点ごとに大学側の主張、教授側の主張、裁判所の判断をまとめておく。裁判で争われたのはつぎの四点である。

第一に、授業盗聴の告発は懲戒解雇理由になるのか。第二に、キリスト教に反する教科書の使用は普通解雇理由になるのか。第三に、授業の無断録音は違法行為になるのか。第四に、解雇後に提示されたその他の解雇理由は手続き上有効なのか。

以上の四つの争点に即して双方の主張と裁判所の判断をまとめると、つぎの表のようになる。

| 争点 | 大学側の主張 | 教授側の主張 | 裁判所の判断 |
|---|---|---|---|
| ①懲戒解雇理由とされた授業盗聴の告発について | 告発により大学の名誉を毀損したので懲戒解雇に当たる。 | 大学による授業盗聴という客観的事実を正確に伝えている。 | 大学の名誉を毀損したとはいえないので懲戒解雇は無効である。 |
| ②普通解雇理由とされた教科書の使用について | キリスト教に反する教科書を使用したので普通解雇に当たる。 | 大学の倫理学の教科書として適切なものである。 | 大学の倫理学の教科書として適切なので普通解雇は無効である。 |
| ③損害賠償を請求された授業の無断録音について | 授業ガイダンスの録音であり大学の管理運営上適法である。 | 授業の無断録音は教育の不当な支配であり違法である。 | ガイダンス部分の録音なので大学の管理運営上適法である。 |
| ④解雇後に提示されたその他の解雇理由について | 解雇後に提示されたその他の解雇理由も手続き上有効である。 | 解雇後に提示されたその他の解雇理由は手続き上無効である。 | 解雇後に提示されたその他の解雇理由は手続き上無効である。 |

# 第一章　教科書が不適切なので解雇する——大学側の主張

「不適切な教科書を使用した教授は大学教員としての適格性を欠いている」。

大学によると、教授は、キリスト教を誹謗中傷し大学の名誉を毀損する本を教科書として使用したから、大学教員として不適格であるという。

以下、教授が使用していた教科書を取り上げながら、大学側の主張を見ていく。

## 第一節　キリスト教大学への誹謗中傷——『教養部しのろ教授の大学入門』

教授の自著、紀川しのろ『教養部しのろ教授の大学入門』(ナカニシヤ出版、二〇一四年)は、エッセイ集であり、倫理学の専門書とはいえない。教授は、自分で書いた本を教科書として指定し、学生に購入させ、本の概要を書くことをテスト内容としていたので、大学教員としての適格性を欠き、職務に適さない。

教授は、本名ではなくペンネーム「紀川しのろ」を用いて本を執筆している。本の中では、「しのろ教授」が「平成学院大学」に勤務して倫理学を担当しているから、「しのろ教授」は原告教授を指し、「平成学院大学」は明治学院大学を指している。

教授の本には、大学、キリスト教、明治学院大学を中傷し愚弄する記載がある。

1　教授の本は大学の教科書として不適切である。

本の内容は、軽薄で品位がなく大学の教科書として不適切である。不適切な記載は以下のとおりである。

①「しのろ教授は、たんに大学で倫理学の授業を担当しているにすぎない。だれがやってもよさそうな科目だが、だれもやりたがらないので、とりあえず引き受けている。大学の授業とはその程度のものだ。」

②「選択科目とは、学生が卒業するために単位を稼ぐ「楽勝科目」の別名にすぎない。」

③「園児から院生まで（略）、しのろ教授は「お客さま」と呼んでいる。カモがネギをしょってくるように、子どもたちが授業料をしょって学校へとやってくるからである。」

④「たくさんの学生が来てくれると、ケインズ経済学を信奉するしのろ教授は、素直にうれしい。なぜかといえば、授業を受ける学生数に応じて、大学から手当が出るからだ。平成学院大学では、

学生一人につき一〇円の手当を出すことになっている。三〇〇人の学生が来れば、一時間の授業で三、〇〇〇円ものお小遣いがもらえる。それ以来、遠視が始まりかけたしのろ教授には、学生の顔が一〇円玉に見えるようになった。もちろん、たくさんの学生がやってくるのは、授業が面白いからではない。たんに単位が取りやすいからにすぎない。そんなことはしのろ教授が一番よく知っている。」

⑤「教授の好みはまじめな学生でも、質問にくる学生は手間がかかるから嫌いだ。ときどき休みながら、来たときにはきっちりとノートを取り、いざとなったら試験でもしっかりと答案を書いてくれる「自立した」学生が理想的だ。そんな学生は現実には少ないから、できるだけ負担がかからないように、適度に手抜きをしながら授業を進めていく。」

⑥「大学での出張とは、大学に命じられてどこかに出かけて行くものではない。先生たちがどこかに行きたいから、「行ってもよいですか」と願いを出す。国内出張であれば、いつでもどこでも好き勝手に出かけてよく、あとから旅費を請求すればよい。交通費と宿泊費が出て、おまけに一万円の手当も付く。」

⑦「出張の扱いはとってもゆるい。」

⑧「しのろ教授の場合、海外出張といっても、表向きは学会発表や資料収集となっているが、本当のところは、避暑と休養が主な目的だ。」

⑨「しのろ教授が担当している倫理学は、教養科目なのでだれでも登録できる。どの学部のどの学年

でも履修できるので、ほとんどすべての学生が受講して卒業していく。だれでも取れる共通科目だからというよりも、むしろ、成績評価の甘さが学生たちの間で知れ渡っていて、単位稼ぎのために履修登録している学生が多い。これが本当のところだ。」

⑩「しのろ教授のほうでも、受講を希望している学生たちにあらかじめ断ることにしている。「しのろ先生の授業は、必修科目と専門科目の間の〈休み時間〉だと思って、息抜きのつもりで来てください」。これでますます受講者の数が増えてしまうのだから世も末だ。」

⑪「テーマ設定は大ざっぱで、あるときには「一八歳からの倫理学」となり、またあるときには「サルにもわかる倫理学」となる。女子学生向けに、「ファッションの倫理」とか、「モードの倫理」としたこともある。中味は空っぽだが、一見したところオシャレなので、これはこれで軽薄短小な現代思想のようにも見える。」

⑫「AO入試で入学してきた学生の学力不足から、AO入試を取りやめる大学も出てきた。財政的な不安の少ない国立大学のいくつかは、AO入試から手を引いたそうだ。良心的な大学とも受け取れる。はじめからAO入試に手を出さなくてもいい大学は、偏差値の高い大学だけだろう。AO入試は、今では、アホのAとオバカのOをくっつけただけの、だれでも合格できる安直な入試となった。」

教授の本の異質性は明白であり、倫理学の専門書とはいえない。「本は大学の教科書として位置づけられる」と教授は主張するが、大学が指摘するのは、本の内容であり、出版社の取り扱いではない。

## 2　教授の本はキリスト教を誹謗中傷している。

キリスト教主義を掲げる明治学院大学の教科書として不適切である。以下、キリスト教を誹謗中傷する記載を挙げる。

⑬「ミッション・スクールというのは、キリスト教の教会が作った学校で、お猿に芸を身に付けさせるように、小さな子どもたちを囲って、信仰を植え付けようとする「人間動物園」と考えればよい。（略）偏差値はそれほど高くないが、異人さんの鼻と学校のプライドだけは高い。」

⑭「日本のミッション・スクールは、周りの人たちへの配慮を欠かさない。たとえば、「他人のために」をモットーに掲げてみたり、ボランティア精神をたたえて、「世の中で役に立つ人」を育てるといってみたり、教育の理念だけは、カトリックであってもプロテスタントであっても、そう変わりはない。他者への貢献など、余計なお世話だと思うのだが。」

⑮「「他者への貢献」を謳うミッション・スクールの精神は、俗物主義のしのろ教授にはいささか敷居が高かった。」

⑯「英語やパソコンはともかくも、キリスト教まで必修にしなくてもよいのではないだろうか。しのろ教授はそう思うのだが、すぐに言い返されてしまう。「ミッション・スクールだから、キリス

ト教は必修です」。「だから」を使った因果関係の説明としては、すこぶる乱暴な論理だが、学生たちには、「学院の教育理念ですから」と説明しているらしい。実のところは、キリスト教の科目が必修でなくなれば、学生が集まらず先生が余ってしまうから、というのが本当の理由だ。授業は学生のためにあるのではなく、先生のためにある。」

明治学院大学は、米国人宣教師ヘボン博士が一八六三年に横浜の自宅に開設したヘボン塾を源流とするミッション・スクールであり、キリスト教に基づいて教育を行っている。就業規則には「教職員は、建学の精神を重んじ、相互に協力して学院の発展に努めなければならない」とある。

キリスト教に対する批判を禁止するものではないが、批判とはいえない誹謗中傷、小馬鹿にした内容が本に記載されている。そのような本を教科書に指定し、授業で取り扱い、レポートを書かせることは、キリスト教主義を掲げる明治学院大学の名誉と信用を貶めるものである。

教授の本にはキリスト教を誹謗中傷する内容が多数あり、キリスト教主義を掲げる明治学院大学の教科書として不適切である。「大学の指摘は粗探しにすぎない」という教授の主張は誤りである。本の記載を一見すれば明らかである。

キリスト教を誹謗中傷する本を教科書として用いることは、教授が明治学院大学の教員として適格性を欠くことを示している。教授は「誹謗中傷ではない」と弁明するが、自分の言動について自覚反省がないところも大学教員としての適格性の欠如を示している。

### 3　教授の本は明治学院大学の名誉を毀損している。

本の内容は、明治学院大学の名声を傷つけ、教科書として不適切である。以下、不適切な記載を挙げる。

⑰「ちなみに、わが平成学院大学はかつてはAランクだったが、今ではBランクを通り越してCランクになってしまった。沈みかけたバテレン船とうわさされている。」

⑱「電車やバスのなかで騒いだり、ご近所さまに迷惑をかけるような学生には、罰金を課すことにしている。こちらのほうは、退学をちらつかせて、三〇万円ほどの寄付金を要求する。寄付という名目で罰金を取るとは、何ともあくどい商売だ。」

⑲「しのろ教授が担当している教養科目では、試験に合格しても二単位しかもらえないが、専門の卒業論文だと、提出しただけで一二単位がもらえる。（略）しかも卒業論文の場合、授業に出る必要はなく、自宅で書いてきた感想文を提出するだけでよいから、これほど楽なものはない。それならば、「出せば必ず通る」と言われている卒業論文を出さない手はない。それが大学を卒業するための近道だ。さらには、四年間のモラトリアム時代をのびのびと過ごす王道だといってもよい。」

⑳「高校在学中の成績がよければ、もっと上の大学を目指すだろうから、受験をしても受かりそうにない生徒だけが、附属の大学への進学を希望してくる。高校では、前者を「外部受験」と呼び、

後者を「内部進学」と呼んでいる。平成学院大学の附属高校では、上位の半数が外部受験をして他大学へ進学し、下位の半数が推薦で平成学院大学へと進学してくる。内部から進学してくるのは高校の落ちこぼれなので、もちろん勉強はできない。大学のほうは受け入れたくないのだが、そうすれば附属高校の人気がなくなるので、しかたなく受け入れている。」

大学で教鞭を執りながらこのような本を執筆することは、大学教員として不当であり、倫理的にも許されない。

4　教授の本は明治学院大学をモデルにしている。

教授は「作品中の人物・団体は実在のものではない」と主張し、本の中で「断るまでもないが、しのろ教授や平成学院大学など、登場する人物や団体はすべて筆者が考え出したものだ」と記載しているが、記載のすぐ後に「モデルがある」と認めている。

「モデル」とは「小説・戯曲などの題材とされた実在の人物」である。「しのろ教授」のモデルは原告教授であり、「平成学院大学」のモデルは明治学院大学である。読者とりわけ明治学院大学の学生にはそのように理解される。平成学院大学が明治学院大学だと理解される部分は他にもある。その例を挙げる。

㉑「トイレに入るときには、扉の札を「空き」から「使用中」へひっくり返し、出るときには、「使用中」の札を「空き」へと戻すことになっている。今どきこんなトイレは珍しいだろう」。この珍しいトイレこそが明治学院大学の「小チャペル」にあるトイレである。

㉒「昼休みには、チャペルアワーを開いている」、「毎日二〇分もお祈りをする」。明治学院大学には、毎日一二時三五分から一二時五五分まで、二〇分間のチャペルアワーがある。

㉓「元号を学校名にした」、「しのろ教授の大学には「学院」という名まえが付いている。これには深い訳がある。学院とか学園とかの名まえを付けるのは、決まってミッション・スクールだ」。「平成学院大学は、一方で、日本の古き良き伝統にならい、天皇陛下に由来する日本古来の「元号」をいただきながら、他方で、西洋近代のハイカラな知的雰囲気にも魅了されて「学院」という名まえを付けている」。「学校名はダサくても、キャンパスだけは、今どきの婦女子を引き付けようとオシャレな横浜にある」。「「他者への貢献」を謳うミッション・スクールの精神は、俗物主義のしのろ教授にはいささか敷居が高かった」。「ミッション・スクール」で「元号」と「学院」を名称とし、横浜にキャンパスがある大学は明治学院大学のみであり、明治学院大学は「他者への貢献」(Do for Others) を教育理念として掲げるキリスト教主義の大学（ミッション・スクール）である。

これらの記載を見れば、「しのろ教授」は原告教授であり、「平成学院大学」は明治学院大学だと、学生は理解する。教授は「作品中の登場人物が作者自身であるという印象をもつ読者もいれば、印象をもたない読者もいる」と述べるが、問題は「作品中の登場人物が作者自身であるという印象をもつ読者もいる」ということである。明治学院大学の学生であれば、一般読者よりも際立って作者自身であるという印象をもつ者が多い。

## 第二節　倫理学とは関係のない教科書——『教養部しのろ准教授の恋』

教授の自著、紀川しのろ『教養部しのろ准教授の恋』（ナカニシヤ出版、二〇一五年）は、題名からしても倫理学の教科書として不適切である。実際のところ、本の内容も、女性へのラブレター、妻の誕生日、妻の妊娠、子の誕生や子の受験など、エッセイ集風であり、倫理学とは関係のない若い頃の私的な記録にすぎない。

この本で教授が書きたかった内容は、家族についてのエッセイであるが、教科書として指定することを意図してか、後ろに少しだけ大学についてのエッセイを記載している。

本の内容は、教科書として使用するには不適切なものである。たとえば、「教養の授業」と題して身内の不幸を述べる学生を愚弄する記載がある。

㉔「だいじな期末試験なのに、休む学生も少なくない。（略）最近増えてきたのが、「祖母が亡くなっ

たので」というものだ。（略）両親でもなく、祖父でもなく、祖母が亡くなりました、というところがやけに現実味がある。両親ではウソにしても悲しすぎるし、祖父はもうとっくに亡くなっているだろうから、このあたりが常識的なところなのだろう。（略）ひょっとすると、試験日に合わせて亡くなってくれるおばあちゃんが多いのかもしれない。日本全国には八〇〇もの大学があるから、いったい全体、この時期にどれだけのおばあちゃんが亡くなるのだろうか、と不届きなことを大学の先生たちと話している。」

このような本は教科書として不適切である。不適切な教科書を使用して授業をしているので、授業も不適切である。教授は教科書の内容をまとめるレポートを学生に求めているが、作業を通して学生が何を学ぶことになるのか不明である。

レポートには自分の意見も書くことになっているが、実際、授業を受けた学生が、「教授会という名まえは知っていましたが、ここまで中身のないものだとは知らなかったのでとてもショックを受けました。せっかく高い学費を払って大学に通っているのだから、きちんとすべきことはしっかりやってほしいと思います。自分が親の立場に立ってみたら絶対に許せません。そのようなところをしっかり取り組んでいけばより良い大学になっていくのではないかと考えます」と書いている。

教授が授業で何を話したのかは不明であるが、倫理学の授業で、教授会が中身のないものであることを講義し、受講した学生にショックを与える必要があったとは思えない。明治学院大学の教授会は正常に機能し、大学の運営のために中身のある議論をしている。にもかかわらず、学生に誤解を与える授業をすることは許されない。

教授は、不適切な教科書を使用したのみならず著していることからも、大学教員の業務に必要な適応性、適格性を欠き、職務に適さないといえる。適切な授業を提供するという在学契約の責任上、教授を明治学院大学の教員として在籍させるわけにはいかない。

教授の行為は、学校法人の寄附行為にある「福音主義のキリスト教に基づいて、教育事業を経営することを目的とする」という建学の精神に反し、就業規則にある「教職員は、建学の精神を重んじ、相互に協力して学院の発展に努めなければならない」との規定にも反している。

倫理学とは関係のないエッセイ集を著し、教科書として用いる教授は、就業規則にある普通解雇事由に該当するから、明治学院大学の教員とすることはできず、普通解雇することが相当である。教科書の使用を解雇理由とすることは不当ではない。

教科書の内容は、倫理学と関係ないだけではなく、明治学院大学やキリスト教の大学を愚弄する内容となっており、このような本を授業で使用しているから、教授は明治学院大学の教員として適格性を欠き、職務に適さないといえる。

教授の本について、出版社が「ユーモラスに書く大学教授の一年。高校生から新大学生まで楽しめる、新感覚の大学入門」と説明していることや、他大学の教職員や新聞社の記者が「面白い」とコメントしていることから、教授は、「教授の本はどれも、面白いというのが一般的な感想である」とか、「愚弄する内容となっているという大学の主張は当たらない」と主張する。

しかし、読み物として面白いかどうかと倫理学の教科書として不適切かどうかは異なる基準である。教授の本について、他大学の教職員や新聞社の記者が「面白い」と感じたということと、明治学院大学の関係者が「愚弄する内容」と感じるかどうかは、異なる基準である。

明治学院大学にとっては大学を愚弄する内容であり、教職員や新聞記者らが「面白い」と言ったとしても、愚弄する内容になっていることを覆すものではない。むしろ、「面白い」との感想が一般人から寄せられるエッセイを倫理学の教科書として指定していることを教授は自認しており、そのような指定行為は不適切である。

教授は、「教科書の使用について大学から注意や指導を受けたこともなく、いきなり解雇の理由とするのは不法行為となる」と主張する。しかし、エッセイ集を教科書に指定して学生に購入させ、本の概要を書くことをテスト内容としているから、教授は大学の教員として適格性を欠き、職務に適さないといえる。

大学は、教授に宛てた「懲戒事由説明書」の中に、「倫理学の授業における不適切な教科書の使用等から、就業規則に該当すると判断され、よって、貴殿を懲戒解雇相当と判断するとともに予備的に普通解雇とするのが相当とも判断していることを付記する」と明記した。

懲戒解雇については説明書を事前に交付しなければならないが、普通解雇については説明書を事前に交付する必要はない。本件では、予備的に普通解雇をする旨と就業規則の規定を明記するとともに、該当する具体的事実の概要を列挙した。したがって裁判になってはじめて教科書の書名と内容を挙げたことについては問題ない。

これまで注意されていなかったとしても、普通解雇事由として挙げて普通解雇することは不法行為に該当するものではない。教科書とすることを止めたとしても、大学やキリスト教を愚弄するエッセイを書いている人物は、キリスト教を建学の精神とする明治学院大学で教えるのは不適格である。

## 第三節　裁判所の判断の誤り

裁判所は、教授の本について、「大学が主張するように明治学院大学に関するものとして受け止めるとまでは断定し難い」と評価したうえで、「大学における倫理学の授業の教科書として不適切であるとまで評することはできない」との判断を示したが、裁判所の判断は不当である。

### 1　自著1『教養部しのろ教授の大学入門』について

裁判所は、「自著1には明治学院大学がモデルとなっていることを伺わせる箇所が含まれているものの、そのような箇所は自著1のうちの一部にとどまっており、「平成学院大学」について言及されている内容も、大学一般について当てはまると考えることもできるような内容も含んでいることに照らすと、これを読んだ学生が一般的に自著1に記載されている内容を明治学院大学に関するものとして受け止めるとまでは断定し難く、記載が大学の主張するように明治学院大学の名声を著しく傷つけているとまではいうことはできない」と判断しているが、裁判所の判断は誤りである。

まず、裁判所は、「一般的に自著1に記載されている内容を明治学院大学に関するものとして受け止めるとまでは断定し難く」と、一般的に明治学院大学のことと受け止めるとまでは判断できないから、不適切な教科書ではないという。

しかしながら、大学教員が「平成学院大学」で倫理学を教えているという設定であれば、明治学院大学に在学して教授の倫理学を履修している学生は、登場する大学教員は原告教授であり、平成学院大学は明治学院大学だと理解して読むのは「一般的」である。仮に「一般的」でなかったとしても、少なくない学生が明治学院大学のことだと理解して読む。

また、裁判所は、大学が「軽薄で品位がなく、キリスト教に対する誹謗中傷である」と指摘した本の内容について、「昨今の大学や学生、キリスト教に対する風刺、批判とも解釈できる」としているが、しかし、解釈できればよいというものではない。

大学一年生が教科書を読んだ場合、素直に解釈して、「カモがネギをしょってくるように、子どもたちが授業料をしょって学校へとやってくる」とか、「学生の顔が一〇円玉に見える」とか、大学の教授は「適度に手抜きをしながら授業を進めている」とか、真に受ける可能性もある。学生は教授にも大学にも失望しかねず、不信感をもてばその後の授業効果は激減し、学生の勉学意欲にも影響しかねない。大学には、奨学金を借りて授業料を支払いつつ、授業の合間にアルバイトで生活費を稼いでいる苦学生もいる。

苦学生が読めばどのように思うか、たんなる「風刺」として笑い飛ばせるのか、場合によっては「自分は学生の顔が一〇円玉に見えるような、手抜き授業をするふざけた大学教員のカモにまんまとなってしまったのか」と借金やアルバイトまでして通うことをバカバカしく思えて退学することもある。学生が失望しかねない記述である。一部の学生であっても、大学や教員や授業に不信感をもったり失望したりする可能性がある教科書は不適切である。

教授の本は、キリスト教の学校を「お猿に芸を身に付けさせるように、小さな子どもたちを囲って信仰を植え付けようとする「人間動物園」と考えればよい」と愚弄し、「他者への貢献など、余計なお世話だと思う」と、明治学院大学が教育理念とする「他者への貢献」(Do for Others) を愚弄し、キリスト教が必修授業であることについて「授業は学生のためにあるのではなく、先生のためにある」とキリスト教の授業を担当する教員を愚弄しており、明治学院大学の建学の精神を茶化し愚弄している。

このような教科書を使用しては、キリスト教による人格教育を学生に対して行う義務を果たすうえで支障がある。大学一年生で、これからキリスト教の授業を受講し、キリスト教による人格教育を受けようとしている矢先に、キリスト教を茶化したり愚弄したりした本を読めば、キリスト教による人格教育の効果が激減する可能性がある。

キリスト教を茶化し愚弄する本を著し教科書として使用することは、明治学院大学の就業規則にある「教職員は、建学の精神を重んじ、相互に協力して学院の発展に努めなければならない」に反し、日本私立大学連盟の「所属大学に対する倫理」、「学内諸規則を誠実に遵守する」に反する。キリスト教の授業を担当する教員を愚弄する本を著し教科書として使用することは、「同僚教職員に敬意をもって接し、その人権を侵害しない」に反する。他にもある。

「華麗なるミッション・スクール」と題して、「今日では、ミッション・スクールとは、キリスト教の精神に基づいて「教養教育」を行う学校を指している。教育の目的は、聖職者やキリスト教徒を増やすための布教活動にあるのではなく、むしろ、未開の野蛮人に西欧の文化を伝えて、教養を形成して人格の向上を目指すところにある」と、建学の精神を茶化し愚弄している。

「がんばれ「掃きだめ」教養部」と題して、「英語の聖書を教科書に使うのも、英語を教えるふりをして、キリスト教の教えをたたき込むためである。すべての学生に教えるのだから、英語が堪能なキリスト教の先生も多い。英語の科目があるからキリスト教の先生がいるのか、キリスト教の先生がいるから英語の科目があるのか、おそらくは後者が正解なのだろう」と、キリスト教の教員を茶化し愚弄している。

「部長の愛人マリア」と題して、キリスト教で「マリア」はキリストの母である聖母マリアのことであるにもかかわらず、「教授会の席で愛人マリアを助手に推薦して」と記載するなど、部長の愛人の名まえを「マリア」と明記してキリスト教を茶化し愚弄している。

教授の自著1は全般を通してキリスト教を茶化し愚弄している。

## 2　自著2『教養部しのろ准教授の恋』について

裁判所は、「大学が主張するように私的な記録ともとれる文章が含まれているということができるものの、およそ倫理学とは関係がないとまでは断定し難く、直ちに自著2が大学の授業の教科書として不適切であるとは評することができない。さらに、大学は、大学に関するエッセイとしても不適切である旨を主張しているが、記載自体が直ちに授業の教科書として不適切な内容であるとはいうことができない」と判断した。

しかし、「ひょっとすると、試験日に合わせて亡くなってくれるおばあちゃんが多いのかもしれない。日本全国には八〇〇もの大学があるから、いったい全体、この時期にどれだけのおばあちゃんが亡くなるのだろうか、と不届きなことを大学の先生たちと話している」との記載は、学生を愚弄しており、身内を亡くした経験のある学生が読めば傷つく内容である。

題名のとおり、著述の意図が家族についてのエッセイだったことは明白であり、目次を見て明らかなとおり、妻との会話や二人の娘たちの受験や運動会の話で、倫理学とは無関係である。

本を購入した学生のうち、少なくない学生は、教授が私的なエッセイとして出版した本を教科書名目で購入させられ、「カモ」にされたと考える可能性は高い。内容から疑いを掛けられる本を教科書として使用すること自体不適切である。疑いを掛けられないように大学教員は襟を正すべきである。

### 3　自著3『シノロ教授の大学事件』について

自著3を見ると、目次には「秘密録音される授業——法律か倫理か」とある。時系列からすると、教授は調査委員会の事情聴取ではじめて録音資料の存在を聞いているから、自著3は、従前からの教授の授業内容をもとに著されたものではない。

あとがきに「プラトンの作品をまねて、大学入門の「対話編」を書いてみた」と記載しているが、純粋な動機から著されたものではない。調査委員会で授業ガイダンスを録音されていることを知って著されたというべきである。

教授は授業で、「人気科目、不人気科目、多人数授業、少人数授業、人数制限、クレーム、抽選科目、履修登録などの大学用語を説明して、授業ガイダンスを行いながら、同時に、コンビニ、ボランティア、ラクタン、アイドル、ジュニア、カモネギ、スタバ、友活、就活などの言葉を使って、プラトン、アカデメイア、アリストテレス、スコレー、カント、ヘーゲル、スミス、マルクスなどの思想を解説していた」と主張するが、客観的に見て、人気科目、ラクタン、カモネギ等の言葉を使って解説された事実はない。事実とかけ離れた主張をする教授は、大学教員としての適格性に欠けている。

したがって、原告教授は、就業規則にある「業務に必要な適応性、適格性を欠き、職務に適さない」といえる。

## 第四節　教授の自由の制約

裁判所は、教授の本について、「大学教授に保障されるべき教授の自由の重要性に鑑みると、大学における倫理学の授業の教科書として不適切であるとまで評することはできない」との判断を示したが、裁判所の判断は不当である。

教授は学問の自由・教授の自由を主張し、裁判所も教授の自由を理由に不適切であると評することはできないと判示している。しかし、東大ポポロ事件の最高裁判決が判示するとおり、教授の自由も「一般の場合よりもある程度で広く認められると解される」ものの「すべて公共の福祉による制限を免れるものではない」。教授の自由は無制限ではなく「公共の福祉」による制約を受ける。

最高裁判決は「大学における学問の自由を保障するために、伝統的に大学の自治が認められている。この自治は、とくに大学の教授その他の研究者の人事に関して認められ、大学の学長、教授その他の研究者が大学の自主的判断に基づいて選任される」と判示しているが、東京地裁判決は「大学の自治には、大学の自主的判断に基づいて教授その他の研究者が選任されること、施設や学生の管理について一定の範囲内において自主的な秩序維持の権能が認められること、研究教育の内容及び方法が自主的に決定されることなどが含まれるものと解される」、「教授会は広範な裁量権を有しているものと解するのが相当である」と判示している。

大阪地裁判決は、「学校法人は、学生と在学契約を締結しており、学生に対して適切な教育を行う義務を負うものである上、大学には、組織体として自主的な秩序維持の権能を認める必要がある」として、教授の自由は「教員の学生に対する指導状況、教員が所属する学部の有する秩序維持の権能を行使する必要性等の観点から、合理的な制約を受ける」と判示している。教授の自由は「適切な教育を行う義務」に基づき制約される。

昭和女子大学事件の最高裁判決は、「特に私立学校においては、建学の精神に基づく独自の伝統ないし校風と教育方針とによって社会的存在意義が認められ、学生もそのような伝統ないし校風と教育方針のもとで教育を受けることを希望して当該大学に入学するものと考えられる」と判示している。

明治学院大学は、寄付行為に「教育基本法および学校教育法に従い、福音主義のキリスト教に基づいて、教育事業を経営することを目的とする」と定め、学則に「キリスト教による人格教育と学問の自由を基礎とし、広く教養を培うとともに、深く専門の学芸を教授研究し、知的応用能力を発揮させることを目的とする」と定めている。明治学院大学はキリスト教主義によって社会的存在意義が認められ、学生もそうした校風と教育を受けることを希望して入学してくる。

教員には教授の自由として教科書を選択する裁量があるものの、教授の自由も無制限ではなく、大学が学生に対して負う「適切な教育を行う義務」に基づく制約を受ける。不適切な教科書である場合、使用することは許されない。不適切な教科書の使用は教授の自由の範囲外である。

たとえば、ナチスによるユダヤ人の大量虐殺を賛美する本を教科書として使用することは、不適切な教科書の使用となる。反社会的な内容、科目と関連のないものなど、不適切な教科書は種々考えられる。キリスト教による人格教育を茶化し愚弄する教科書は、不適切な教科書であり、許容されない。そのような本を著し教科書として使用することは、明治学院大学の教員として不適切な行為である。

授業の内容や形式について教員に一定の裁量があることは認めるものの、裁量は無限定ではない。大学の授業だから何をどのように教えてもよいということにはならない。大学教員には授業内容を決める自由があるものの、自由は無制限ではなく、キリスト教主義の観点から許容できない授業内容がある。教授が使用した教科書から、教授の授業は教員の裁量の範囲を逸脱し不適切であるといえる。

# 第二章　教科書検閲は自由の侵害である――教授側の主張

「教科書を理由に教員を解雇するのは、表現の自由の侵害であり、解雇の理由たり得ない」。

大学は「授業で不適切な教科書を使っていた」ことを理由に教授を解雇した。教授によると、大学の行為は「表現の自由」の侵害であるばかりか、授業を盗聴し無断録音していることもあり、「学問の自由」の侵害でもある。以下、大学が指摘している教科書を取り上げながら、教授側の主張を見ていく。

## 第一節　新感覚の大学入門――紀川しのろ『教養部しのろ教授の大学入門』

教授の本について、大学は、「倫理学の専門書ではないから不適切な教科書である」と主張するが、この本は、教科書会社から出版され、「大学教育、教養科目、共通科目、教育学の教科書、倫理学の教科書」と位置づけられている。

倫理学の授業は教養科目なので、教科書は専門書よりも入門書のほうがよい。学生の学力と関心を考慮すると、やさしく読みやすい入門書のほうが適しているといえる。

本の内容について、大学は、「教授の本には、大学一般、キリスト教大学、明治学院大学を誹謗中傷する記載があり、内容が軽薄で品位がなく大学の教科書として不適切である」と主張するが、教授の本はどれも、大学生、教職員、メディアにはたいへん評判がよい。

明治学院大学の学生サイトにはつぎのように紹介されている。「多くの書籍がハード版で少しお値段が張りますが、高いお金を払ってでも読む価値がある作品ばかりです。単位のためというよりは、人生のために読む本だといえるでしょう」。

大学は、「本の内容はキリスト教への誹謗中傷であるから、キリスト教大学の教科書として不適切である」とも主張するが、本の内容は、明治学院大学に限らず日本の大学が置かれた状況を批判している。読者の反応でもっとも多いのは、「作品中の指摘が当たっている」というもので、日本の大学ではキリスト教を仏教に置き換えても同じことがいえる。

大学は、「教授の本は明治学院大学の建学の精神を誹謗中傷している」と主張するが、教授の本は、キリスト教を誹謗中傷するものではなく、出版社の解説にあるように、「〈脱力系教授〉しのろ先生が、ユーモラスに書く大学教授の一年。高校生から新大学生まで楽しめる、新感覚の大学入門」である。

作品中の人物と団体について、大学は、「しのろ教授は教授本人であり、平成学院大学は明治学院大学である」と主張するが、作品中の人物・団体は実在のものではない。本には「しのろ教授や平成学院大学など、登場する人物や団体はすべて筆者が考え出したものだ」と書かれている。

本の中のどの内容も明治学院大学に限らず、日本の大学が置かれた状況をユーモラスに、シニカルに物語っている。それでも大学は、「しのろ教授のモデルは教授本人であり、平成学院大学のモデルは明治学院大学である」と主張するが、大学の主張は客観的な事実に反している。教授の本は創作であり、平成学院大学は明治学院大学ではない。以下、具体例を挙げる。

作品中に「平成学院大学はAランクである」とあるが、明治学院大学はAランクではない。「平成学院大学には理系学部もあり附属幼稚園・小学校・中学校・高校もある」とあるが、明治学院大学には理系学部も附属学校もない。「しのろ教授は男子校を卒業して国立大学に勤めていた」とあるが、原告教授は男子校に在学したことも国立大学に勤めたこともない。

大学は、明治学院大学にあるトイレの写真を出して、「教授の本にあるトイレは明治学院大学のチャペルにある珍しいトイレである」と主張するが、大学が出した写真をよく見ると、明治学院大学のトイレは洋式であり、平成学院大学のトイレは和式である。しかも、チャペルにあるという「珍しいトイレ」は、教授の本が発行されたあとに設置されたものである。

平成学院大学と明治学院大学の違いも、しのろ教授と原告教授の違いも、いずれも一〇〇箇所以上あり、両者は別のものである。そもそも作品中に明治学院大学は実名で登場しているのであるから、平成学院大学が明治学院大学であるはずはない。

大学は、「明治学院大学の学生が教授の本を読めば、明治学院大学のことであると理解する」と主張するが、学生はそのような理解を示していない。「学生は一般読者よりも際立って明治学院大学であるという印象をもつ」とも主張するが、読者の理解をひとつも示していない。大学は、自らの主観的な思い込みを繰り返し述べているにすぎない。

## 第二節　教養科目の教科書――紀川しのろ『教養部しのろ准教授の恋』

教授の本について、大学は、「題名からして倫理学の教科書として不適切である」と主張するが、本書は、教育系出版社から「大学の教育学、教養科目の教科書」として発行されたものである。同じ出版社からは、『古典で読み解く哲学的恋愛論』や『なぜ私たちは恋をして生きるのか』など、哲学や倫理学の教科書も発行されている。今日では若者の関心を惹きそうな題名をもつ教科書は多い。

本の内容からして、大学は、「教授の本は、倫理学と関係しない私的な記録にすぎず、家族についてのエッセイである」と主張するが、本書は、日本随筆家協会賞を受賞した『随筆集　カサブランカ』の改訂版であり、前任校でも「思想文化」の授業で教科書として使用されていたものである。

教授が大学に提出した研究業績書には、この本について、「随筆集　カサブランカ（筆名：紀川しのろ）、単著、二〇〇八年、日本随筆家協会、全二二六頁。第五七回『日本随筆家協会賞』受賞作品。「言葉と感情の間にムダなよどみがない」と選評で絶賛された受賞作の「カサブランカ」を収録した傑作集。家庭の日常から海外の動向まで、読んで楽しいアカデミック・エッセイ。家族の消像、日本とドイツ、学校の周辺、仕事場の姿。やさしい文章とソフトなタッチで、身近な世界を描き出す」と記載されている。

大学は研究業績書を審査して教授を採用しているのであるから、「教科書として不適切である」という大学の主張は、採用時に大学がした評価と矛盾している。教授がこの本を教科書として使用するのは二〇〇八年からであるが、大学が教授の本を不適切な教科書と指摘したのは、教授を解雇した二〇一六年になってである。大学は教授を解雇するまえに、教授に対し教科書について注意をしたり指導をしたりしてはいない。

大学は、本書を使った教授の授業について、「教授が授業で何を話したかは不明であるが、授業で学生にショックを与え、大学の名誉を傷つけた」と主張する。教授が授業で何を話したか不明であるならば、大学は授業の内容について論評することはできない。大学は授業概要であるシラバスをチェックして、授業内容と教科書をあらかじめ把握していたにもかかわらず、教授に何らの指摘もしていなかった。

授業を盗聴していた黒川貞生（センター長）は、シラバスを点検したうえで記載内容を変更するように求めたこともあったが、大学はシラバスにある教科書の題名だけを見ていたのではなく授業そのものを調査していた。図書館に所蔵されている教授の著書を借り出して調査したり、授業時に学生に配付した資料を教室に忍び込んで抜き取ったり、事務室に依頼した印刷物を抜き取って配付を禁止したりもしていた。

実際のところ、大学は教授を解雇するためにかなり前から教科書を調査していた。大学は、「業務に必要な適応性、適格性を欠き、職務に適さないと認められる可能性が高まったため、教授の教科書を調査することにした」と弁解しているが、そうではない。

永野茂洋（副学長・理事）は、教授会の席上で「教授の教科書が大学の名誉を毀損しているとの発言が理事会であった」と伝えている。原田勝広（調査委員長）も、理事会の指示を受けて、「従来から批判の声が出ていた教科書を調査した」と語っている。

副学長やセンター長や調査委員らは、授業中にこっそりと教室に侵入し、授業を盗聴して教員や学生の声を秘密録音し、録音資料を無断で使用していた。多くの学生は大学の行為に不信感を抱き、大学の盗聴行為を「犯罪」だと非難している。

## 第三節　裁判所の判断について

教授の本について、大学は、「キリスト教を誹謗中傷しているから、教授は大学の名誉を毀損した」と主張するが、裁判所は、「本の内容は大学や学生やキリスト教への風刺や批判であるから、教授が大学の名声を傷つけたとはいえない」と判断し、大学の主張を退けている。

地裁で敗訴した大学は、「キリスト教を誹謗中傷している」という主張が認められなかったので、高裁では「キリスト教を茶化したり愚弄したりしている」とトーンダウンしている。

「愚弄」とは、権力をもつ強者が弱者になす野蛮な行為であり、組織が個人になす言論の「封殺」である。個人である教授が大学組織に対してなすように、権力をもたない弱者が強者に対してなす行為は「批判」であり、言論による「風刺」である。大学は、批判的な言論を封じており、表現の自由を制限している。

そもそも「大学」とは、自由な研究と教育が行われる場であり、特定の宗教に限定された「教会」でもなければ、外部からの自由な批判を許さない「セクト」でもない。大学は、それが「大学」であろうとすれば、自由な言論の場を保証するものでなければならない。

教科書の選定について、大学は、「本の内容は倫理学とは関係のない私的な記録である」と主張するが、裁判所は、「本の内容は倫理学とは関係がないとはいえず、大学の授業の教科書として不適切であるとはいえない」と判断している。

大学の授業の教科書として見ても、大学は、「大学に関するエッセイとして不適切である」というが、裁判所は、「大学教授に保障されるべき教授の自由を鑑みても、教授の本が大学における倫理学の授業の教科書として不適切であるとはいえない」と判断している。

キリスト教についていえば、大学は、「教授はキリスト教主義を掲げる大学の授業でキリスト教を誹謗中傷する教科書を使用した」と非難するが、裁判所は、「教授の本にあるキリスト教に関する記載は誹謗中傷ではなく風刺や批判である」と冷静に判断している。

大学は「キリスト教の大学を愚弄する本を書くことは教員として不当であり、倫理的にも許されない」と主張するが、大学教員がどのような本を執筆するのかは、大学当局の介入するところではなく、教員がどのような本を教科書として採用するのかも、教員の合理的な裁量に委ねられている。

作品の評価として、大学は「教授の本は軽薄で品位がない」とこき下ろすが、大学の評価は主観的なものであり、客観的な根拠に基づく事実認定ではない。大学は、価値判断と事実判断を混同し、事実判断の中に価値判断を混入させている。

作品中のモデルについて、大学は、「作品中の平成学院大学のモデルは明治学院大学であり、明治学院大学の学生にはそのように理解される」と主張するが、客観的には、大学が主張するような理解は存在しなかった。一般的な読者の理解では、平成学院大学は平均的な「日本の大学」であった。

言及されている内容も大学一般のものと理解されるから、教授の本を読んだ学生が明治学院大学に関するものと受け止めることもない。平成学院大学は明治学院大学ではないから、教授の本が明治学院大学に対する名誉毀損を構成することもない。

## 第四節　第三者の客観的な評価

教授が書いた本の内容について、大学は「大学一般、キリスト教大学、明治学院大学を愚弄している」と主張するが、出版社の解説には「ユーモラスに書く大学教授の一年。高校生から新大学生まで楽しめる、新感覚の大学入門」とある。

教授の本はどれも「面白い」というのが一般的な感想である。大学は、「一般人が面白いと感じるエッセイを倫理学の教科書とするのは不適切である」と主張するが、面白い本は教科書として適切であり、面白くない本は教科書として不適切である。

ジャーナリストの浅野健一（元同志社大学教授）は、「授業を無断録音し教授を解雇した明治学院大学の犯罪」と題する論説で、教授の本を「受験生や保護者が、日本の大学がどういうところかを知るには最適の本だ」と評価している。

編集者の中川志大氏は、教授の本について、つぎのようにコメントしている。「大学生のみならずともご一読をお勧めしたいと思います。この本のメインテーマである「大学とは何か」は、そのまま今回の盗聴事件で問われていることでもあります。「大学の権威をおとしめた」と明学大は寄川氏を非難していますが、大学ひいては学問をおとしめているのがどちらなのかは明白です。大学が企業の下請けといわれて久しい現在、「大学とは」という問いこそ重要で、それを考えるうえで、この事件は良い材料といえるでしょう。その意味でも、広く議論されるべきだと考えています」。

倫理学者の岡本裕一朗（玉川大学教授）は、裁判所に提出した意見書の中で、教授の本についてつぎのように評している。「寄川条路先生のご著書、紀川しのろ『教養部しのろ教授の大学入門』を一読し、たいへん興味をもちましたので、玉川大学学術研究所人文科学研究センターの公開講演会に寄川先生をお招きして、「人文学とリベラルアーツのゆくえ――教養教育の逆襲はなるか？」という題目で講演をしていただきました。寄川先生のご講演は、たいへん興味深く学生や教員に大好評でしたので、その後、玉川大学学術研究所人文科学研究センターの雑誌『フマニタス』に、講演原稿を掲載させていただきました。今回、あらためて寄川先生のご著書を熟読しましたが、紀川しのろ『教養部しのろ教授の大学入門』も、紀川しのろ『教養部しのろ准教授の恋』も、いずれの本も、大学の教科書として、そして、倫理学の教科書として、最適なものであると判断いたしました。とくに、教養教育についての記述は、玉川大学の全人教育とも通じるところがあると理解でき、大学の倫理学の教科書としても高く評価しています」。

このように識者らは、教授の本を読んで倫理学の教科書として適切なものと判定している。

教授には三〇冊ほどの著書があり、キリスト教系の同志社女子大学や仏教系の京都文教大学など、いくつもの大学で入試問題として採用されている。全国の大学図書館にも収蔵され多くの学生に読み継がれている。全国の学生・教職員を始め、高校生や受験生にも読まれており、大学生の両親や兄弟にも好評である。

「高校生のときに先生の本を読んでいました」といって明治学院大学に入学してきた学生もいたし、入学後すぐに「先生の倫理学を受講したいです」とメールを送ってきた学生もいた。学生が兄弟姉妹を授業に連れてきたり、保護者が「先生の授業に出席させてもらってもいいですか」と尋ねてきたりしたこともあった。

明治学院大学の「授業評価アンケート」によれば、教授の授業は五点満点中の四点であり、高く評価されていた。学生サイト「明治学院大学ＬＩＦＥ」によれば、教授は「明治学院大学でもっとも知名度が高い、学内でもっとも人気のある先生」と評価され、「素敵な授業をしてくれる先生であり、興味深い授業内容や上手な教え方で人気を博し、授業が抽選になる」と紹介されている。

明治学院大学の「人気授業ランキング」によれば、数百ある授業科目の中で、一位は原告教授の「倫理学」であり、二位は青木洋一郎講師の「言語文化」であった。原告教授も青木講師も授業を盗聴され解雇されているから、解雇されたのはもっとも人気のある教員であったといえる。

## 第五節　教授の授業内容

教授の授業内容について、大学は教授の本にある「動物園の猿」の例を挙げて「教授は授業の中で学生を愚弄している」と主張するが、大学は本の内容を曲解している。

教授は授業で「人間園」「動物園」「教育」「飼育」「ボランティア」「他者への貢献」などの用語を挙げて、現代の哲学思想を紹介している。教授の本にはつぎのようにある。

① 寄川条路編『メディア論——現代ドイツにおける知のパラダイム・シフト』（御茶の水書房、二〇〇七年）

「ニーチェは「人文主義」による「教養＝人間形成」（Bildung）を、「飼育」の一様式と見なした。人間が野性動物としてもっていた崇高さを失わせ、か弱い家畜として飼い慣らすための「飼育」である。プラトン以降の哲学者たちが愛した「書物＝エクリチュール」というメディアは、そうした弱い家畜としての人間を飼育するのに非常に適した道具であった。
しかし歴史を振り返ってみれば、これまで西欧文明を支えてきた「人文主義」の伝統自体が、人間による人間に対する暴力的な「培養＝飼育」技術のコード体系であったと見ることもできる。ニーチェが見抜いていたように、人文主義の世界は、人間が自らの暴力によって、人間を人工的に培養・飼育する動物園（パーク）であった。こうした「人間園」の構想は、理想的な人間教育（パイディア）を説いたプラトンの『ポリティコス』（政治家）にまで遡る。」

要約すれば、人文主義の基本思想は人間の飼育なのである。

② 寄川条路編『インター・カルチャー ――異文化の哲学』（晃洋書房、二〇〇九年）
「いたるところにビデオカメラが設置されていて、侵入者のみならず、すべての生活者が例外なく監視されている。良くいえば見守られているのだが、悪くいえば見張られているのだろう。日常の生活において、学校や社会において、そして社会のすみずみにおいて、人間の行動を観察する装置ができあがっている。それは、犯罪を起こさせないようにして、模範的な人間へと飼育する装置であるにちがいない。」

大学当局による授業の盗聴も教科書の検閲もこれに入る。

③　紀川しのろ『日々の栞』（角川学芸出版、二〇一〇年）

「学校とは、「動物園」ならぬ、「人間園」という名のテーマパークではないだろうか。動物園が、自然環境に疎い都人士に、人工的に飼育して飼い慣らした動物を見せる娯楽施設なのだとすれば、人間園とは、まだ人間になっていない子どもたちを飼育して、りっぱな人間に作り上げるための教育施設にちがいない。人間になることを目標に掲げているところが、「学校」と呼ばれる教育施設なのであり、そこで行われる飼育活動が、人間教育と呼ばれる。

勤め先の大学で「人間園」の話をしたことがある。授業を受けていた学生が、おりの中に入った人間の絵を描いてもってきた。「人間園」と名づけられたその絵をスクリーンに大きく映し出すと、思いのほかに大きな反響があった。「あまりにも怖すぎる」という意見と、「まさにそのとおり」という意見が半々だった。

感想のひとつに、「モンキーパーク」の話が出ていた。モンキーパークとはサルを専門にした動物園のことで、そこには、世界中の七〇種ものサルが集められているという。「ヒト」という種類のおりもあって、おりの中に入ってみることもできるそうだ。はたして、動物園と人間園、どれほどまでに違っているのだろうか。」

教育施設である学校とは、リトルワールド、モンキーパーク、明治村のようなテーマパークなのである。

④　紀川しのろ『教養部しのろ教授の大学入門』（ナカニシヤ出版、二〇一四年）

「学院とか学園とかの名まえを付けるのは、決まってミッション・スクールだ。ミッション・スクールとは、キリスト教の教会が作った学校で、お猿に芸を身に付けさせるように、小さな子どもたちに信仰を植え付けようとする「人間動物園」と考えればよい。「学園」のほうが、幼稚園児にベレー帽をかぶらせるカトリック校とすれば、「学院」のほうは、高等教育を自慢とするキリスト教主義のプロテスタント校となる。

カトリックの学校では、ヨーロッパ流の教育方針でもって、幼稚園や小学校にいる、スモックを着た素直な子どもたちを相手に、フランス語やドイツ語を教えている。一方、プロテスタントの学校では、アメリカ流の教育方針でもって、高校や大学にいる、生意気になった大きな子どもたちを相手に、英語を教えている。

これは、ニーチェのように不道徳なしのろ教授による区分なので、頭の固い教育者やキリスト教の信者からは、いつもお叱りの言葉を受ける。どちらであっても、日本のミッション・スクールは、周りの人たちへの配慮を欠かさない。たとえば、「他人のために」をモットーに掲げてみたり、ボランティア精神をたたえて、「世の中で役に立つ人」を育てるといってみたり、教育の理念だけは、カトリックであってもプロテスタントであっても、そう変わりはない。他者への貢献など、余計なお世話だと思う。」

ミッション・スクールとは、ニーチェの言葉でいえば、子どもに「奴隷の道徳」を植え付ける「人間動物園」である。

教授は、授業の中で、キリスト教を「奴隷の道徳」と見なして批判していたドイツの哲学者ニーチェの思想を紹介し、監視装置の付いた檻の中にいる子どもを猿にたとえた「人間動物園」でもってドイツの哲学者ハイデガーの思想を紹介し、ボランティアや他者への貢献を「余計なお世話」と呼んで説明していた。教授の説明は大学生が倫理学を理解するためのわかりやすい説明である。

明治学院大学も人間を猿と同じように扱ったうえで、教員や学生を監視しながら授業を盗聴したり、教科書を検閲したり、学生の答案用紙を抜き取ったり、学生の書き込みをチェックしたりしていた。そういう大学が、教育理念である「他者への貢献」を「お節介」と呼び、「ボランティア」を「究極のレジャー」と呼んで、楽しい「お節介」を勧めている。つぎに、明治学院大学学長室が発行する本を紹介する。

⑤『明治学院大学の教育理念と創設者へボンの生涯』（明治学院大学学長室、二〇〇五年）

「人間同士が互いに言葉を交わすのは、猿が互いに毛づくろいをして信頼関係をつくり出しているのと同じで、コミュニケーションの出発点だ。ボランティアというのは、そんな世の中の歪みから生まれたものだ。つまり「ボランティア」とは「お節介」のことである。

いつか、テレビでそう言ったら、かなりの数の抗議電話がその局に殺到した。「ボランティアのような人間的使命感にあふれた崇高な行為を、お節介とはナニゴトか」という抗議である。こういう頭の堅い人には、もう何も言うつもりはないけれど、ボランティアとはすばらしいお節介であり、究極のレジャーだと、ぼくには思えるのだから仕方がない。

昔のお節介さんだって、別に人類愛でやっていたわけじゃない。人助けをして感謝されるのが、うれしいからやっていたのだ。楽しいからやっていたのだ。「他者への貢献」というのは、「お節介のすすめ」である。」

大学は、教授の本について、「教授が学生を猿にたとえ学校を人間動物園と呼び、ボランティアや他者への貢献を余計なお世話と呼んで、キリスト教を誹謗中傷しているので、教授は明治学院大学の教員として不適切である」と主張していた。

だが、学長室が発行する『明治学院大学の教育理念と創設者へボンの生涯』の中では、「人間同士が互いに言葉を交わすのは、猿が互いに毛づくろいをして信頼関係を作り上げるのと同じで、コミュニケーションの出発点であって、ボランティアとはお節介であり究極のレジャーである」と説明し、「人類愛からではなく楽しいからやっているにすぎず、他者への貢献はお節介のすすめである」という。

明治学院大学の教育理念が「猿のお節介」であれば、「猿の飼育」に慣れた教授は、大学の教育理念を実現する教員として最適だといえる。

## 第六節　明治学院大学のキリスト教主義

キリスト教主義について、明治学院大学は学生につぎのように説明している。「大学は学生にキリスト教を布教するのではなく、学生にキリスト教を理解してもらいたいのであり、キリスト教を理解するとはキリスト教を批判することです」。これは受験生向けの『大学案内』にある学長の言葉である。教授は、大学の教育理念であるプロテスタントのキリスト教主義に感心して、毎年度、授業の中で学長の言葉を紹介している。プロテスタントとは、カトリックのような既成の制度や伝統に対してプロテストすることであり、既存の秩序を疑って批判することである。まさに学問的な態度であって、こうした批判精神に共感したからこそ、教授は明治学院大学へと移ってきた。

学生について、大学は「学生は、キリスト教主義に基づく明治学院大学の教育を受けることを希望して入学してきた」と主張するが、大学の主張は事実に反している。

明治学院大学の学生は、明治大学と明治学院大学を受験して、明治大学に落ちて明治学院大学に合格したから明治学院大学に入学してきたのである。両方の大学に合格した受験生が明治学院大学に入学することはない。「学院が付いてないとよかった」というのが新入生の偽らざる本心である。

教員について、大学は、教員募集のさいに「明治学院大学はキリスト教主義の大学であり、キリスト教の教育理念を理解してくれる人を希望します」と書き添えている。

大学が教員に「キリスト教の理解を希望する」のはもちろんかまわないが、大学が教員にキリスト教を強制したり禁止したりするのは、学問上も法律上も許されない。大学の教員も学生もほとんどキリスト教信者ではないが、大学の設置者である理事会だけはキリスト教信者に限られていて、信者ではない人を排除している。

大学教授は、学問の自由、教育の自由、表現の自由をもっており、大学のいう建学の精神も私立大学の教育理念も、教授のもつ自由を侵害することはできない。なぜなら、教授のもつ学問・教育・表現の自由は、学問的にも法律的にも、私立大学の教育理念よりもはるかに大きな価値をもっているからである。

「表現の自由」が憲法で保障されているのは、どのような表現であれ、表現をすれば賛同する人も反対する人もいるからである。表現の内容は、ある人にとっては快であっても、他の人にとっては不快でありうる。現代の社会では、それでも問題のない表現として扱われる。自分とは異なる価値観で溢れているので、不快な思いをすることがあるのは大前提であり、不快さは多様性を維持するためのコストとして受け入れるしかない。

明治学院大学のように、気に入らない表現を切り取って不適切とすることは、表現の自由の侵害に当たる。表現の一部が大学を誹謗中傷しているとか、キリスト教を茶化したり愚弄したりしているとか、そうした理由で、大学教員の懲戒がなされてはならない。

大学が教員の言論を統制するために解雇権を濫用することはあってはならないところ、大学は実質的に教授の思想に介入してきた。言論統制のために解雇権を振りかざせば、教員の思想統制にもつながる。大学は「学問の砦」として思想や表現に寛容であるべきであって、教員の統制を強めるのではなく、教員の意見表明がもっとオープンにできる環境作りに努力すべきである。

私立大学には建学の精神があり固有の教育理念が認められるものの、大学が教授のもつ学問の自由・教育の自由・表現の自由を制限することは許されず、ましてや授業を盗聴したり教科書を検閲したりすることは許されない。

大学は「教授が大学の教育理念に合わず建学の精神にも反する」と主張するが、そうであれば最初から大学は教授を招聘しなければよかったのである。教授は哲学者であり倫理学者であるので明治学院大学のようなキリスト教主義もマルクス主義も許容するが、特定の思想や主義を他人に強要したり、禁止したりすることには強く反対する。教授の説く「寛容の倫理」は、寛容さを否定したり、多様性を否定したり、異なる他者を否定したりする、明治学院大学の「排除の論理」に対しては寛容ではない。

明治学院大学のキリスト教主義はキリスト教に基づく「排除の論理」である。大学は、キリスト教の教えのみを認め、それ以外の考えを認めない。「教育基本法および学校教育法に従う」と謳いながらも、明治学院大学は、公式に、元号や和暦の使用を禁止し、日の丸の掲揚や君が代の斉唱を禁止している。明治学院大学のもつ排他的な性格は、「理事、監事および評議員は、キリスト教信者であって、目的を貫徹するのに適当な者でなければならない」とあるように、キリスト教信者以外を排除しているところにはっきりと現れている。

明治学院大学では、キリスト教の授業を履修することがすべての学生に強制されており、キリスト教以外の宗教はすべて禁止されている。それに対し、教授が研究しているドイツの哲学者ヘーゲルは、プロテスタントのギムナジウム（小中高の一貫制学校）の校長をしていたとき、教員が子どもたちを教会に引率することに反対し、教会への引率を強制しようとした監督官庁に対し強く抗議している。ヘーゲルはプロテスタントであったが、教会へ行くか行かないかは強制されることでも禁止されることでもなく、個々人が自分の意志で決定すべきことだからである。哲学者であり倫理学者である教授もそう考える。

教授が説くのは寛容の倫理であり共生の論理である。キリスト教であれ仏教であれ、宗教の違いは、個人的で主観的な「好み」の問題であり、優劣の問題ではない。宗教の違いは、「コーヒーが好きか、紅茶が好きか」、「ＡＫＢが好きか、乃木坂が好きか」の違いと同様、好みの問題なのである。

芸術や宗教は個人的で主観的な「嗜好品」であるのに対し、哲学や倫理学は客観的で普遍的な「学問」である。近代以降、学問は宗教から独立し、学校は教会から独立した。宗教の中に学問があるのではなく、学問の中に宗教があり、教会の中に学校があるのではなく、学校の中に教会がある。これが近代以降の社会制度である。

教授の教科書のタイトル『インター・カルチャー――異文化の哲学』や『グローバル・エシックス――寛容・連帯・世界市民』からもわかるように、教授のスタンスは、特定の思想や文化を絶対化することなく、すべての思想や文化を相対化し、世界的な規模での寛容・連帯を説く「グローバル・エシックス」である。これもひとえに、近代の市民社会では、「キリスト教徒とユダヤ教徒が共存しなければならない」という宗教上の必要があったからであり、教授の言葉でいえば「いやなやつともいっしょにいなければならない」ということである。これが現代社会で世界市民の連帯を説く「寛容の倫理」であり、二一世紀のグローバル・エシックスである。

大事なのは、自分の考えを絶対化しないことであり、他人の考えを排除しないことである。倫理学とはそうした学問であり、大学とはそうした場所である。

イスラム過激派が風刺新聞社を襲った「シャルリー・エブド襲撃事件」のとき、ローマ法王は「他人の信仰について挑発したり、侮辱したり、嘲笑したりしてはいけない」との考えを示し、「言論の自由は権利であり義務でもあるが、他人を傷つけることなく表現しなければならない」と説いた。

それに対してイギリスのキャメロン首相は、「自由な社会では宗教について他人の感情を害する権利がある」と語り、「私はキリスト教信者であり、誰かがイエスについて不快なことを言ったら侮辱的だと思うが、自由な社会ではこれを言った相手に復讐をする権利はない。新聞や雑誌などは法に反しない限り不快な意見を掲載することができる。これを認めなければならないし、これこそ私たちが守るべきことだ」と、ローマ法王の見解に反対を表明した。

明治学院大学はローマ法王のように宗教を守ろうとするのだろうが、教授はキャメロン首相のように自由な社会を守る。「私はあなたの意見には反対だが、あなたがそれを主張する権利は命をかけて守る」。これが、キリスト教から独立して近代社会が獲得した、学問の自由であり、教育の自由であり、表現の自由である。

## 第七節　明治学院大学の「排除の論理」

教員の適性について、「教授は教員の倫理観と資質を欠いているから排除しなければならない」と大学は主張する。自分の考えに合わない教員を「排除」しようとすること自体が、明治学院大学の体質を表している。

大学は、自らの価値観に基づき、大学の方針に従わない思想系の教員らを執拗に攻撃し排除してきた。倫理学を担当する原告教授を解雇したのみならず、大学による人権侵害を告発していた名須川学教授（哲学）を懲戒処分したり、大学の方針を批判していた原宏之教授（哲学）を解雇したりしていた。

大学は、教員の自由な研究や教育を容認せず、意に添わない教員を資質や倫理観の欠如に結び付けている。教授は倫理学の研究者であるから、自らの考えや主義主張はあるものの、考え方の違いがあることを認め、他者への寛容を旨としている。大学教授として意見の表明は自由であるし、自由にしなければならないと考える。

大学は、「私立大学連盟の教員倫理に反するから、教授は不適格である」と主張するが、学校経営者に都合のよい倫理観を教授に当てはめて論じているだけである。連盟に加盟している私立大学は一五パーセントにすぎず、連盟の教員倫理は、私企業の経営者が従業員に望む、経営者にとって都合のよい心構えにすぎない。倫理学的にいえば、「飼育の倫理」（ヘーゲル）であり、「奴隷の道徳」（ニーチェ）であり、「家畜の倫理」（ハイデガー）である。

自分の考えが特殊なものであることを自覚せず、大学は、私立大学連盟の価値観を一般化して普遍的な教員倫理であると思い込んでいる。大学の主張は、私立大学も公共性を担うものであるという点を理解していない。連盟の倫理観が許されるとすれば、私的な意図を建学の精神に含意させ、教員という名の忠実なる使用者を使って、学生に一方的な価値観を注ぎ込む教育が大学で許されることになる。

私立大学のもつ教育の自由とは、日本学術会議が説明するように、「戦前の教育の反省のもとに、新しい憲法のもとで、教育方針の自由な選択が尊重される」という意味である。教育基本法に規定されているように、「学校」は私立であっても国公立であっても公の性質をもつから、学校も教員も設置者の私的目的に従属させてはならず、設置者の私的な意図・目的を建学の精神とすることは許されない。

倫理学者の幸津國生（日本女子大学名誉教授）は、裁判所に提出した意見書の中で、明治学院大学のもつ問題点を的確に指摘している。①大学は学問の自由にも大学としての存在理由にも反している。②キリスト教による教育は各大学の事情によって限定される。③大学の教育には宗教の立場が前面に現れて学問の立場が展開されていない。④大学の機能は研究と教育にあり、宗教団体とは異なる。⑤大学には建学の精神をどのように学問的に実現するのかという問題がある。⑥本件は宗教の立場から学問の自由を一方的に否定したものである。⑦キリスト教は限定されたひとつの立場であるが、大学は自己を相対化できていない。⑧学問は宗教を越えて普遍的な理想に向かうので、建学の精神を否定する自由がある。⑨学問の立場から特定の宗教を否定することで大学としての存在理由を示すことができる。⑩大学は教授に謝罪し解雇を撤回することで他者への貢献を示さなければならない。

憲法学者の小林節（慶應義塾大学名誉教授）は、論説「学問の自由と信教の自由を弁えない大学」で、本件についてつぎのように述べている。①憲法二三条が保障する学問の自由は、研究の対象・方法・成果の表現・教授の自由を包含している。②教授の身分は教授会から認定され、法と道徳に反しない限り、教授会によっても奪えない。③大学に批判的な教授を処分したのは、学問の自由と大学の自治を弁えない大学の誤った権力的発想である。④大学がキリスト教に批判的な教授を処分したのは、信教の自由を履き違えたものである。⑤教団が大学を設立した場合、教義を押しつけることは禁じられている。⑥大学は、学問の自由と大学の自治の意味、信教の自由を弁えず、教授の授業を妨害して身分を奪い、学生のもつ学問の自由を侵害した。

専門家の立場から見ても、大学がした解雇処分は解雇権を濫用したものであり、教授に保障されている学問の自由や人格権を侵害するものである。

明治学院大学の教育理念は「他者への貢献」である。キリスト教の『聖書』にある「人にしてもらいたいと思うことは何でも、あなたがたも人にしなさい」という命令であり、「無償奉仕への要求」である。このような教育理念は、明治学院大学も認めるように、大学における「学問の理念」には反している。学問の理念とは「真理が私たちを自由にする」であり、特定の宗教とは関係なく、普遍的な理想として掲げられるものである。

大学は、「キリスト教を絶対化したり異なる思想を排除したりするものではない」と弁明するが、大学の弁明は事実に反する。キリスト教の科目を必修化して全学生に履修させ、礼拝なくしては入学式にも卒業式にも出席させず、教員にも会議で祈祷や聖書朗読をさせている。大学はキリスト教を教員に励行するばかりか、キリスト教を批判する教員を大学から排除してきた。大学の行為は、キリスト教主義の絶対化であり、大学における学問の自由の侵害である。

教授の教科書は、大学やキリスト教への痛烈な批判であり風刺であるが、どのような主義主張であっても、これを批判し否定してもよいというのが、啓蒙主義に由来する「寛容の倫理」である。批判や否定の形式は、どのような表現を取っていてもかまわないのである。教授は大学の主義主張に反対してもよいし、大学は教授の主義主張に反対してもよい。

教授の言動が気に入らないのであれば、大学は「言論」で教授を批判すべきなのであって、教授から表現の機会を奪うことはあってはならない。大学は、啓蒙主義がキリスト教の呪縛から人間を解放して近代社会を築いたという歴史的な事実と学問的な発展を理解しようとしない。

「学問の自由」とは、キリスト教主義であれマルクス主義であれ、どのような主義主張も否定できるという思想である。日本国憲法は、思想の自由、表現の自由、信教の自由を保障するだけでなく、特定の思想や表現や信教を否定する者にも、思想の自由、表現の自由、信教の自由を認めている。

にもかかわらず、大学は学問の自由よりもキリスト教を優先し、学問・教育・表現の自由を制限し、大学を批判する教員らをつぎつぎと排除してきた。大学の行為は、憲法が保障する学問の自由、教育の自由、表現の自由への侵害である。大学は、教授の言動について反対することはできても、教授の発言を制限したり、教授を排除したりする権限をもつものではない。

明治学院大学事件は、大学が、キリスト教を批判する本を授業で教科書として使用したことを理由に、教授に嫌悪感を抱き、解雇を断行した事件である。大学は自らが考える倫理観や資質や適格性にそぐわない教員を排除しているから、本件は、日本国憲法下では許されない差別的な行為であり、法秩序の維持の観点からも看過できない行為である。大学の行為は、大学教授に保障された学問の自由、人格権を侵害する違法なものであるといえる。

## 第八節　明治学院大学の「犯罪」と隠蔽

最後に、明治学院大学は「教授の自由」を制限するため「ナチス」を持ち出してくる。「ナチスによるユダヤ人の大量虐殺を賛美する本」であれば、いかに大学教員に教授の自由があったとしても、不適切な教科書の使用となると主張する。

ナチスがユダヤ人を大量虐殺して戦争行為を賛美したように、明治学院大学は、国家神道と結託し日本による戦争行為を賛美していたにもかかわらず、戦後になるとすっかり自らの戦争責任を忘れて、戦時中の犯罪行為を隠蔽していた。明治学院大学は今でも、自らの犯罪行為とその責任に無関心である。

キリスト教主義が国家神道と結託して侵略戦争を推進していたのを忘れてしまったのだろうか。それとも、授業の録音行為を隠し通していたように、自らの犯罪行為を隠蔽し続けるのであろうか。罪を告白し懺悔した中山弘正（元明治学院学院長）が、「大学が教員の教室で話したことを録音するなどということは、あってはならない」と語っていたことを、大学は今一度肝に銘ずるべきである。

終戦から五〇年も経ってようやく、学院長は、「明治学院の戦争責任・戦後責任の告白」の中で、明治学院が靖国神社への参拝に賛同したばかりか、御真影の奉載にもたいへん積極的であったことを語り、侵略戦争に積極的に加担したことを告白して謝罪した。そして明治学院が戦後になっても、自らの戦争責任をひた隠しにし、公にしてこなかったことの責任もあわせて告白し謝罪している。

明治学院大学は、戦時中には「勤労奉仕」を唱えて学生を戦場に送り出し、戦後になると自らの戦争責任をひた隠しにし何もなかったかのように「他者への貢献」を唱える。大学の唱えるキリスト教主義は、相変わらず「滅私奉公」という思想構造をしていて、東京五輪へ向けて学生を「ボランティア活動」へと徴用していく。教授の本に書かれているのは、明治学院大学のような日本の大学が辿ってきた、そしてこれから向かおうとしている道のりへの痛烈な批判なのであり、アイロニーなのである。

一五〇年の歴史を有する明治学院は、日本の歴史に「明治学院大学事件」という大きな汚点を残すことになった。日本最古のミッション・スクールである大学は、悔い改めるならば、まだ救われる可能性も残されているだろうが、裁判所の判決がなされたあとでは、大学が大学としての適切な秩序ある運営を取り戻すことは不可能である。そのときにはもはや、明治学院大学は「大学」としては存続していけないと考える。

第三章

# 教科書も授業も不適切ではない――裁判所の判断

「教授の本は、誹謗中傷ではなく風刺・批判と解釈できるから、解雇事由には該当しない」。

裁判所は、事件の概要を簡潔に説明したあと、「教授の本は大学を誹謗中傷している」という被告大学側の主張と、「教授の本は大学への風刺・批判である」とする原告教授側の主張を比較検討しながら、裁判所の判断を示し結論を導き出している。以下、双方の主張に対する裁判所の所見を見ていく。

## 第一節　事件の概要

裁判所は、事件の概要をつぎのように説明する。

原告（教授）は、明治学院大学等を設置し運営する学校法人である被告（大学）との間で労働契約を締結し、明治学院大学の教授の地位にあった者であるが、平成二八年（二〇一六年）一〇月一七日付けで、被告から解雇（主位的に懲戒解雇、予備的に普通解雇）された。

本件は、原告（教授）が、被告（大学）による解雇が無効である旨を主張して、被告に対し、労働契約上の権利を有する地位にあることの確認、並びにバックペイ（未払い賃金）としての平成二八年（二〇一六年）一〇月分以降の未払い月額給与、及びこれらに対する各支払い期日の翌日から支払い済みまでに生じる商事法定利率年六％の割合による遅延損害金の支払いを求めるとともに、明らかに不合理な理由に基づいて解雇がされたことや、解雇に至る過程において被告が原告の授業の内容を無断で録音し、これを原告に開示しなかったことにより、その人格権を侵害され、多大な精神的苦痛を被った旨を主張して、被告に対し、不法行為に基づく損害賠償請求として慰謝料五〇〇万円、及びこれに対する不法行為の後の日である解雇の日の翌日から支払い済みまでに生じる民法所定の年五％の割合による遅延損害金の支払いを求めた事案である。

## 第二節　被告（大学）の主張

裁判所は、被告（大学）の主張をつぎのようにまとめる。

原告は、授業において、内容が軽薄で品位がなく、キリスト教主義を誹謗中傷し、明治学院大学の名声を著しく傷つける内容の『教養部しのろ教授の大学入門』と題する自著1、及びエッセイ集凨のおよそ倫理学とは関係のない若い頃の原告自身のほとんど私的な記録にすぎず、大学に関するエッセイ部分も不適切な内容となっている『教養部しのろ准教授の恋』と題する自著2を、いずれも教科書として極めて不適切な物であるにもかかわらず、教科書として使用し、それらのまとめを二〇〇字や五〇〇字で書かせるなどといった不適切な授業をした。

## 第三節　原告（教授）の主張

裁判所は、原告（教授）の主張をつぎのようにまとめる。

被告の主張にかかわる上記の自著1『教養部しのろ教授の大学入門』及び自著2『教養部しのろ准教授の恋』については、被告がこれまでの間に教科書として不適切であるなどの注意や指摘を原告に対して行ったことはなかったのであり、事後的に、本件解雇の事由とすべきではない。

## 第四節　裁判所の判断

裁判所は、被告（大学）の主張と原告（教授）の主張をつぎのように判断した。

被告は、普通解雇の事由として、原告が授業で大学の教科書として不適切な自著1『教養部しのろ教授の大学入門』及び自著2『教養部しのろ准教授の恋』を教科書として使用し、これらに関する数百字のレポートを学生に課していることが授業の内容として不適切である旨を主張している。

そこで、まず、教科書としての使用の点について検討すると、自著1には【別紙1】（①から⑳）

のとおりの記載があることが認められ、その内容に照らせば、一面において被告が主張するような評価も成り立ちうる部分があることは、あながち否定することができない。

しかしながら、被告が自著1について内容が軽薄で品位がないとか、キリスト教主義に対する誹謗中傷であると指摘している【別紙1】記載の①から⑯までの記載については、昨今の大学や学生、キリスト教主義に対する風刺、批判とも解釈することができるものである。

また、被告が自著1について明治学院大学の名声を著しく傷つけていると指摘する同⑰から⑳までの記載についても、確かに自著1には明治学院大学がモデルとなっていることを伺わせる箇所が含まれているものの、そのような箇所は自著1のうちの一部にとどまっており、「平成学院大学」について言及されている内容も、大学一般について当てはまると考えることもできるような内容も含んでいることに照らすと、これを読んだ学生が一般的に自著1に記載されている内容を明治学院大学に関するものとして受け止めるとまでは断定し難く、記載が被告の主張するように明治学院大学の名声を著しく傷つけているとまではいうことはできない。

また、被告は、自著2について、その内容の大半がエッセイ集風のおよそ倫理学とは関係のない私的な記録であると指摘しているところ、自著2の内容に照らせば、自著2には確かに被告が主張するように私的な記録ともとれる文章が含まれているということができるものの、およそ倫理学とは関係がないとまでは断定し難く、直ちに自著2が大学の授業の教科書として不適切であるとは評することができない。

さらに、被告は、自著2に【別紙2】(21)記載の内容があることを指摘し、大学に関するエッセイとしても不適切である旨を主張しているが、記載自体が直ちに授業の教科書として不適切な内容であるとはいうことができない。

以上に加え、大学教授に保障されるべき教授の自由の重要性に鑑みると、自著1及び自著2が大学における倫理学の授業の教科書として不適切であるとまで評することはできないというべきである。

つぎに、レポートを課している点について検討すると、自著1及び自著2が大学の授業の教科書として不適切であるとまで評することができないことは上記のとおりであるから、それらに関するレポートを学生に課している点も、授業の方法として不適切であるとはいうことができない。

この点、被告は、原告の授業を受けて教授会の実態についてショックを受けたという学生の意見の存在を指摘しているが、学生が受けた原告の授業の内容がどのようなものであったかは不明であり、当該意見の存在が当該授業の内容が不適切であったことを直接に裏づけるものということは困難である。

## 第五節　裁判所の結論

裁判所は、本件解雇事件についてつぎのように結論づける。

被告(大学)は、原告(教授)がキリスト教主義を掲げる明治学院大学の授業でキリスト教主義を誹謗中傷する自著1及び自著2を使用していることから、原告には就業規則に規定する普通解雇事由が認められる旨を主張するようであるが、自著1及び自著2のキリスト教主義に関する記載が風刺、批判とも解釈し得るものであることは、上記において説示したとおりであって、たんなる誹謗中傷にすぎないと断ずることはできないから、自著1及び自著2の授業における使用が直ちに普通解雇事由に該当するものとはいうことができない。

したがって、本件解雇は、普通解雇として行われたものとしても、労働契約法第一六条の規定により、解雇権を濫用したものとして、無効といわざるを得ない。

【別紙1】本件自著1『教養部しのろ教授の大学入門』

①「しのろ教授は、たんに大学で倫理学の授業を担当しているにすぎない。だれがやってもよさそうな科目だが、だれもやりたがらないので、とりあえず引き受けている。大学の授業とはその程度のものだ。」

②「選択科目とは、学生が卒業するために単位を稼ぐ「楽勝科目」の別名にすぎない。」

③「園児から院生まで（略）、しのろ教授は「お客さま」と呼んでいる。カモがネギをしょってくるように、子どもたちが授業料をしょって学校へとやってくるからである。」

④「たくさんの学生が来てくれると、ケインズ経済学を信奉するしのろ教授は、素直にうれしい。なぜかといえば、授業を受ける学生数に応じて、大学から手当が出るからだ。平成学院大学では、

学生一人につき一〇円の手当を出すことになっている。三〇〇人の学生が来れば、一時間の授業で三、〇〇〇円ものお小遣いがもらえる。それ以来、遠視が始まりかけたしのろ教授には、学生の顔が一〇円玉に見えるようになった。もちろん、たくさんの学生がやってくるのは、授業が面白いからではない。たんに単位が取りやすいからにすぎない。そんなことはしのろ教授が一番よく知っている。」

⑤「教授の好みはまじめな学生でも、質問にくる学生は手間がかかるから嫌いだ。ときどき休みながら、来たときにはきっちりとノートを取り、いざとなったら試験でもしっかりと答案を書いてくれる「自立した」学生が理想的だ。そんな学生は現実には少ないから、できるだけ負担がかからないように、適度に手抜きをしながら授業を進めていく。」

⑥「大学での出張とは、大学に命じられてどこかに出かけて行くものではない。先生たちがどこかに行きたいから、「行ってもよいですか」と願いを出す。国内出張であれば、いつでもどこでも好き勝手に出かけてよく、あとから旅費を請求すればよい。交通費と宿泊費が出て、おまけに一万円の手当も付く。」

⑦「出張の扱いはとってもゆるい。」

⑧「しのろ教授の場合、海外出張といっても、表向きは学会発表や資料収集となっているが、本当のところは、避暑と休養が主な目的だ。」

⑨「しのろ教授が担当している倫理学は、教養科目なのでだれでも登録できる。どの学部のどの学年

でも履修できるので、ほとんどすべての学生が受講して卒業していく。だれでも取れる共通科目だからというよりも、むしろ、成績評価の甘さが学生たちの間で知れ渡っていて、単位稼ぎのために履修登録している学生が多い。これが本当のところだ。」

⑩「しのろ教授のほうでも、受講を希望している学生たちにあらかじめ断ることにしている。「しのろ先生の授業は、必修科目と専門科目の間の〈休み時間〉だと思って、息抜きのつもりで来てください」。これでますます受講者の数が増えてしまうのだから世も末だ。」

⑪「テーマ設定は大ざっぱで、あるときには「一八歳からの倫理学」となり、またあるときには「サルにもわかる倫理学」となる。女子学生向けに、「ファッションの倫理」とか、「モードの倫理」としたこともある。中味は空っぽだが、一見したところオシャレなので、これはこれで軽薄短小な現代思想のようにも見える。」

⑫「AO入試で入学してきた学生の学力不足から、AO入試を取りやめる大学も出てきた。財政的な不安の少ない国立大学のいくつかは、AO入試から手を引いたそうだ。良心的な大学とも受け取れる。はじめからAO入試に手を出さなくてもいい大学は、偏差値の高い大学だけだろう。AO入試は、今では、アホのAとオバカのOをくっつけただけの、だれでも合格できる安直な入試となった。」

⑬「ミッション・スクールというのは、キリスト教の教会が作った学校で、お猿に芸を身に付けさせるように、小さな子どもたちを囲って、信仰を植え付けようとする「人間動物園」と考えればよ

い。（略）偏差値はそれほど高くないが、異人さんの鼻と学校のプライドだけは高い。」

⑭「日本のミッション・スクールは、周りの人たちへの配慮を欠かさない。たとえば、「他人のために」をモットーに掲げてみたり、ボランティア精神をたたえて、「世の中で役に立つ人」を育てるといってみたり、教育の理念だけは、カトリックであってもプロテスタントであっても、そう変わりはない。他者への貢献など、余計なお世話だと思うのだが。」

⑮「「他者への貢献」を謳うミッション・スクールの精神は、俗物主義のしのろ教授にはいささか敷居が高かった。」

⑯「英語やパソコンはともかくも、キリスト教まで必修にしなくてもよいのではないだろうか。しのろ教授はそう思うのだが、すぐに言い返されてしまう。「ミッション・スクールだから、キリスト教は必修です」。「だから」を使った因果関係の説明としては、すこぶる乱暴な論理だが、学生たちには、「学院の教育理念ですから」と説明しているらしい。実のところは、キリスト教の科目が必修でなくなれば、学生が集まらず先生が余ってしまうから、というのが本当の理由だ。授業は学生のためにあるのではなく、先生のためにある。」

⑰「ちなみに、わが平成学院大学はかつてはAランクだったが、今ではBランクを通り越してCランクになってしまった。沈みかけたバテレン船とうわさされている。」

⑱「電車やバスのなかで騒いだり、ご近所さまに迷惑をかけるような学生には、罰金を課すことにしている。こちらのほうは、退学をちらつかせて、三〇万円ほどの寄付金を要求する。寄付という

名目で罰金を取るとは、何ともあくどい商売だ。」

⑲「しのろ教授が担当している教養科目では、試験に合格しても二単位しかもらえないが、専門の卒業論文だと、提出しただけで一二単位がもらえる。（略）しかも卒業論文の場合、授業に出る必要はなく、自宅で書いてきた感想文を提出するだけでよいから、これほど楽なものはない。それならば、「出せば必ず通る」と言われている卒業論文を出さない手はない。それが大学を卒業するための近道だ。さらには、四年間のモラトリアム時代をのびのびと過ごす王道だといってもよい。」

⑳「高校在学中の成績がよければ、もっと上の大学を目指すだろうから、受験をしても受かりそうにない生徒だけが、附属の大学への進学を希望してくる。高校では、前者を「外部受験」と呼び、後者を「内部進学」と呼んでいる。平成学院大学の附属高校では、上位の半数が外部受験をして他大学へ進学し、下位の半数が推薦で平成学院大学へと進学してくる。内部から進学してくるのは高校の落ちこぼれなので、もちろん勉強はできない。大学のほうは受け入れたくないのだが、そうすれば附属高校の人気がなくなるので、しかたなく受け入れている。」

【別紙2】本件自著2『教養部しのろ准教授の恋』

㉑「だいじな期末試験なのに、休む学生も少なくない。（略）最近増えてきたのが、「祖母が亡くなったので」というものだ。（略）両親でもなく、祖父でもなく、祖母が亡くなりました、というと

ころがやけに現実味がある。両親ではウソにしても悲しすぎるし、祖父はもうとっくに亡くなっているだろうから、このあたりが常識的なところなのだろう。（略）ひょっとすると、試験日に合わせて亡くなってくれるおばあちゃんが多いのかもしれない。日本全国には八〇〇もの大学があるから、いったい全体、この時期にどれだけのおばあちゃんが亡くなるのだろうか、と不届きなことを大学の先生たちと話している。」

終章

# 「明治学院大学事件」の裁判記録

最後に、明治学院大学事件にかかわる主要な裁判記録を載せておく。まずは、労働審判委員会の調停結果、つぎに、東京地方裁判所の判決主文と解説、そして、東京高等裁判所の和解調書と解説である。

## 第一節　労働審判委員会の調停結果

平成二八年（労）第七九一号地位確認等請求事件
（二〇一六年一〇月二八日申立、二〇一六年一二月八日終了）
申立人　寄川条路、代理人弁護士　酒井将、浅野健太郎、太期宗平
相手方　学校法人明治学院、代表者理事長　青本健作、代理人弁護士　小池健治、松居智子、横澤康平
審判官　東京地裁民事第三六部、遠藤東路、審判員　田辺順一、杉浦学

労働審判法二四条一項により終了。

労働審判委員会は教授の復職という調停案を提示したが、大学側は事前通知のとおり労働審判委員会の調停案を拒否した。話し合いがまとまらずに終了した結果、労働審判は本来の訴訟となって同じ裁判所に提訴された。

## 第二節　東京地方裁判所の判決主文

平成二八年（ワ）第四一五九七号地位確認等請求事件
（二〇一六年一二月二八日提訴、二〇一八年六月二八日判決）
原告　寄川条路、代理人弁護士　酒井将、浅野健太郎、太期宗平、田中悠介
被告　学校法人明治学院、代表者理事長　青本健作（のち山崎雅男）、代理人弁護士　小池健治、松居智子、横澤康平
裁判官　東京地裁民事第三六部、江原健志、大野眞穂子、人見和幸

判決主文
一　原告が被告に対して労働契約上の権利を有する地位にあることを確認する。
二　被告は、原告に対し、三三万二、七一四円及びこれに対する平成二八年（二〇一六年）一〇月

二三日から支払い済みまで年五％の割合による金員を支払え。
三　被告は、原告に対し、平成二八年（二〇一六年）一一月二二日からこの判決の確定の日まで、毎月二二日限り、六九万八、七〇〇円及びこれに対する各支払い期日の翌日から支払済みまで年五％の割合による金員を支払え。
四　原告のその余の請求をいずれも棄却する。
五　訴訟費用は、これを一四分し、その五を原告の負担とし、その余は被告の負担とする。

判決内容を簡単に説明するとつぎのようになる。
一　大学による解雇は無効なので、原告に教授の地位を認める。
二　大学は教授に解雇月の賃金の残りと遅延金を支払え。
三　大学は教授にその後の賃金と遅延金を支払え。
四　教授の大学への慰謝料請求は認めない。
五　裁判費用については、教授が三割、大学が七割を支払え。

裁判費用の負担割合からわかるように、原告教授側の七割勝訴である。

結論としては、大学による解雇は労働契約法の解雇権を濫用したものだから無効であり、教授の地位と賃金を認めたものの、授業の無断録音は教授の人格権を侵害するものとまではいえないから慰謝料は認めない、というものだった。

懲戒解雇について見ると、大学は授業の無断録音を教授が告発したことについて、就業規則の懲戒解雇理由に該当すると主張したが、裁判所は、大学が教授に対し録音行為について何ら説明していなかったことから、懲戒解雇には該当しないと判断した。

普通解雇について見ると、大学はキリスト教を誹謗中傷する教授の教科書について、就業規則の普通解雇理由に該当すると主張したが、裁判所は、教授の教科書はキリスト教を批判・風刺するものと理解できるから、普通解雇には該当しないと判断した。

慰謝料請求について見ると、教授は授業を無断録音されたから人格権が侵害されたと主張したが、裁判所は、大学が録音したのは初回授業のガイダンス部分であったから、人格権を侵害したとまではいえず違法ではないと判断した。

判決の意義としては、大学の運営方針に反対したり、大学の教育理念を批判したりした教授の解雇について、裁判所が大学教授に憲法二三条の教授の自由が保障されていることを重視して、解雇を無効と判断した点は評価できる。

しかしながら、裁判所が一般論として教授に無断で授業を録音することは不法行為を構成すると認めながらも、本件では録音が初回授業のガイダンス部分であった点を重視するあまり慰謝料請求を否定した点に不満が残った。

## 第三節　東京高等裁判所の和解調書

平成三〇年（ネ）第三六四一号地位確認等請求控訴事件
（二〇一八年七月一〇日控訴、二〇一九年一一月二八日和解）
原告　寄川条路、代理人弁護士　太期宗平
被告　学校法人明治学院、代表者理事長　山﨑雅男、代理人弁護士　小池健治、松居智子、横澤康平
裁判官　東京高裁民事第二三部、白石哲、河合芳光、廣澤諭

和解条項

一　原告と被告は、原告と被告間の雇用契約が、令和元年（二〇一九年）一一月二八日付けで合意による原告の退職により終了することを確認する。

二　被告は、原告に対し、本件解決金として五、〇〇〇万円を、令和元年（二〇一九年）一二月二七日限り、三井住友銀行六本木支店のベリーベスト弁護士法人名義の普通預金口座に振り込む方法により支払う。

三　原告と被告は、互いに本件に関し誹謗中傷する言動を一切行わないことを約束する。

四　原告は、被告に対し、被告の大学の学生に関する個人情報記載の書類・データを責任をもって

令和元年（二〇一九年）一二月二七日までに廃棄することを約束する。

五　被告は、原告に対し、東京地方裁判所が本件録音は適法であると判示したとはいえ、原告に無断で授業を録音するに至ったことについて遺憾の意を表する。

六　原告は、その余の請求を放棄する。

七　原告と被告は、原告と被告との間には、本和解条項に定めるもののほか、何らの債権債務がないことを相互に確認する。

八　原告は、被告に対し、原告が被告の教職員に対して本件に関連して金銭的請求及びその他の請求をしないことを約束する。

九　訴訟費用は、第一審、第二審を通じて各自の負担とする。

高裁が提示した和解案の要点はつぎのとおりである。

一　教授と大学は退職和解に同意する。

二　大学は教授に和解金五、〇〇〇万円を支払う。

三　教授と大学は互いに相手の悪口を言わない。

四　教授は学生の個人情報を廃棄する。

五　大学は教授に無断で授業を録音したことを謝罪する。

六　教授は大学に慰謝料の請求をしない。

七　教授と大学にその他の権利と義務はない。
八　教授は大学の教職員にその他の請求をしない。
九　裁判費用は教授と大学が各自で負担する。

裁判費用の負担割合からもわかるように、勝負は引き分けである。

以上が明治学院大学事件の主要な裁判記録である。原告と被告が裁判所に提出した書類については、本書とは別に資料集の出版を準備している。

# あとがき

明治学院大学事件の法的な争いは終わったので、今後は訴訟外で事件を追及していくことにしている。

裁判の資料はすべて公開されていて、東京地裁の閲覧謄写室に行けばだれでも閲覧することができる。関係者は裁判資料を複写することもできる。資料のデータ化も完了したので、これから資料を公刊していく。資料集の出版を準備しているので待っていてほしい。

原告（教授側）が裁判所に提出した資料は、主張書面が七〇一頁、証拠説明書が一〇五頁、証拠書面が一、二八五頁である。被告（大学側）が裁判所に提出した資料は、主張書面が五七五頁、証拠説明書が一三九頁、証拠書面が八九〇頁である。裁判所が作成した資料は、手続調書が五六頁、尋問調書が一二七頁、判決書が九八頁、更正決定書が二頁、和解調書が五頁である。

裁判資料を合計すると、教授側の資料が二、〇九一頁、大学側の資料が一、六〇四頁、裁判所の資料が二八八頁で、総計で三、九八三頁になる。

本件裁判は、労働審判、東京地裁、東京高裁の三回戦であったが、原告の主張も被告の主張も同じものの繰り返しで、裁判所に提出した書面も同じ内容だった。裁判所の判断も概ね同様だったので、重複を避けて資料を公刊したほうがよいのかもしれない。

裁判資料を紙書籍で出版するか、あるいは電子書籍で出版するか、はたまたインターネット上に公開するか、キリスト教学校の「犯罪」を記念するために、もっとも効果的な方法を考えている。

二〇二三年五月

寄川条路

## 編者紹介

寄川条路（よりかわ・じょうじ）

1961年生。早稲田大学文学部卒業、ボーフム大学大学院修了、哲学博士。愛知大学教授、明治学院大学教授などを歴任。専門は思想文化論。日本倫理学会和辻賞、日本随筆家協会賞などを受賞。

単著に『哲学の本棚』（晃洋書房、2020年）、『教養としての思想文化』（晃洋書房、2019年）、『ヘーゲル』（晃洋書房、2018年）など。

共著に『ヘルダリーンとヘーゲル』（社会評論社、2022年）、『学問の自由と自由の危機』（社会評論社、2022年）、『実録・明治学院大学〈授業盗聴〉事件』（社会評論社、2021年）、『表現の自由と学問の自由』（社会評論社、2021年）、『大学の自治と学問の自由』（晃洋書房、2020年）、『大学の危機と学問の自由』（法律文化社、2019年）、『大学における〈学問・教育・表現の自由〉を問う』（法律文化社、2018年）など。

筆名:紀川しのろ（きかわ・しのろ）で『シノロ教授の大学事件』（世界書院、2019年）、『教養部しのろ准教授の恋』（ナカニシヤ出版、2015年）、『教養部しのろ教授の大学入門』（ナカニシヤ出版、2014年）、『日々の栞』（角川学芸出版、2010年）など。


キリスト教学校の「犯罪」　明治学院大学〈教科書検閲〉事件

2023年5月31日初版第1刷発行

編　者／寄川条路
発行者／松田健二
発行所／株式会社　社会評論社
〒113-0033　東京都文京区本郷2-3-10　お茶の水ビル
電話　03（3814）3861　FAX　03（3818）2808
印刷製本／倉敷印刷株式会社
感想・ご意見お寄せ下さい　book@shahyo.com

＊既刊

## 実録・明治学院大学〈授業盗聴〉事件
### ——盗聴される授業、検閲される教科書

寄川条路／編



Ａ5判一四四頁　一〇〇〇円＋税

## 表現の自由と学問の自由
### ——日本学術会議問題の背景

寄川条路／編



Ａ5判一二八頁　一〇〇〇円＋税

＊既刊

## 学問の自由と自由の危機
### ——日本学術会議問題と大学問題

寄川条路／編

第一章　戦前日本の学術体制と日本学術会議の誕生　細井克彦
「学問の自由」の現代的意義に関わって
第二章　「学問の自由」の論じ方　鈴木眞澄
日本学術会議会員任命拒否問題を契機として
第三章　日本学術会議の会員任命の拒否問題についての法的考察　清野　惇
第四章　筑波大学における学問の自由と自由の危機　平山朝治
第五章　明治学院大学における学問の自由と自由の危機　寄川条路

A5判一一二頁　一〇〇〇円＋税

## ヘルダリーンとヘーゲル
### ——学問の自由と自由の思想

小磯仁・寄川条路／共著

第一章　ヘルダリーンと自由——魂の漂泊者　小磯　仁
第一節　出生と家族——詩人への不退転の決意
第二節　少年の詩作試行と夢——「マウルブロン清書稿」の成立
第三節　シュティフトを終えるも——詩人独立の道に
第四節　『ヒュペーリオン』——「生あるものの抹殺の不可能」
第五節　後期讃歌の一例——二つの授業あるいは「小さな時間」
第二章　ヘーゲルと自由——生の探求者　寄川条路
第一節　青年時代の理想——自由の哲学者への決意
第二節　宗教への欲求——『キリスト教の精神』
第三節　政教一致から政教分離へ——生の弁証法の成立
第四節　政治への欲求——『ドイツ国家体制の批判』
第五節　哲学への欲求——学問の体系から人間の生へ

A5判九〇頁　九〇〇円＋税